Jens Pillat

Eine Griechenlandreise mit dem Wohnmobil

Jens Pillat

Eine Griechenlandreise mit dem Wohnmobil

Erlebnisse von zwei Katzen und Mitreisenden

Bloggingbooks

Impressum / Imprint
Bibliografische Information der Deutschen Nationalbibliothek: Die Deutsche Nationalbibliothek verzeichnet diese Publikation in der Deutschen Nationalbibliografie; detaillierte bibliografische Daten sind im Internet über http://dnb.d-nb.de abrufbar.
Alle in diesem Buch genannten Marken und Produktnamen unterliegen warenzeichen-, marken- oder patentrechtlichem Schutz bzw. sind Warenzeichen oder eingetragene Warenzeichen der jeweiligen Inhaber. Die Wiedergabe von Marken, Produktnamen, Gebrauchsnamen, Handelsnamen, Warenbezeichnungen u.s.w. in diesem Werk berechtigt auch ohne besondere Kennzeichnung nicht zu der Annahme, dass solche Namen im Sinne der Warenzeichen- und Markenschutzgesetzgebung als frei zu betrachten wären und daher von jedermann benutzt werden dürften.

Bibliographic information published by the Deutsche Nationalbibliothek: The Deutsche Nationalbibliothek lists this publication in the Deutsche Nationalbibliografie; detailed bibliographic data are available in the Internet at http://dnb.d-nb.de.
Any brand names and product names mentioned in this book are subject to trademark, brand or patent protection and are trademarks or registered trademarks of their respective holders. The use of brand names, product names, common names, trade names, product descriptions etc. even without a particular marking in this works is in no way to be construed to mean that such names may be regarded as unrestricted in respect of trademark and brand protection legislation and could thus be used by anyone.

Coverbild / Cover image: www.ingimage.com

Verlag / Publisher:
Bloggingbooks
ist ein Imprint der / is a trademark of
AV Akademikerverlag GmbH & Co. KG
Heinrich-Böcking-Str. 6-8, 66121 Saarbrücken, Deutschland / Germany
Email: info@bloggingbooks.de

Herstellung: siehe letzte Seite /
Printed at: see last page
ISBN: 978-3-8417-7126-1

Copyright © 2013 AV Akademikerverlag GmbH & Co. KG
Alle Rechte vorbehalten. / All rights reserved. Saarbrücken 2013

Inhaltsverzeichnis

- Vorwort   3
  - Was nun?   4

- Die Erlebnisse   6
  - Die Vorplanung   6
  - Urlaubsbeginn – bereits früher   7
  - Unterwegs – Leider mit Hindernissen   8
  - Angekommen – Stellplatz Unterschwarza   11
  - Weiter geht's – Ziel Kroatien   12
  - Endlich da, ……   15
  - In Kallithea angekommen   18
  - Nun beginnt der Urlaub   23
  - Markttag in Kassandreia   26
  - Abschied von Kallithea   28
  - Die Rundfahrt beginnt – Weiter geht's   29
  - Bangen und Hoffen um Biene   33
  - Weiter nach Volos   37
  - Noch ein Mopedausflug   41
  - Ein Tag zum Entspannen   46
  - Mittagessen und sonstiges zur Verpflegung   48
  - Eine neue Etappe   49
  - Der Ausflugstag – Stress im Urlaub   52
  - Neuer Tag – weiter geht's   58
  - Preveza   60
  - Preveza – der nächste Tag   62
  - Etwas Kultur, anschließend Rundfahrt   66
  - Parga – ein Kleinod an der Westküste   69
  - Die letzten Tage in Griechenland   71
  - Superfast XII   74
  - Unterwegs in Italien   77
  - Zwei Tage am Gardasee   80
  - Am Tegernsee   84
  - München – wir kommen!   87
  - Die letzten 380 km   89

- Daten und Fakten zur Tour
  - Anreise – Suhl -> Hilpoltstein — 93
  - Anreise – Hilpoltstein -> Unterschwarza/Österreich — 94
  - Anreise – Unterschwarza -> Belgrad/Serbien — 95
  - Anreise – Belgrad -> Kallithea/Griechenland — 96
  - Rundfahrt – Kallithea -> Platamonas — 97
  - Rundfahrt – Platamonas -> Kala Nera — 98
  - Rundfahrt – Kala Nera -> Korinthos — 99
  - Rundfahrt – Korinthos -> Diakopto — 100
  - Rundfahrt – Diakopto -> Preveza — 101
  - Rundfahrt – Preveza -> Parga — 102
  - Rundfahrt – Parga -> Igounemitsa — 103
  - Fährfahrt –Igounemitsa -> Ancona/Italien — 104
  - Rückreise – Ancona -> Riva del Garda — 105
  - Rückreise – Riva del Garda -> Tegernsee — 106
  - Rückreise – Tegernsee -> Suhl — 107
  - Die Gesamt Tour — 108

Vorwort

Wir beide, das sind Manuela und Jens aus Suhl in Thüringen, haben uns seit dem Jahr 2011 einem neuen Hobby verschrieben. Mehr oder weniger durch Zufall sind wir in den Besitz eines Wohnmobils gekommen und bereits nach der ersten Fahrt hatte uns der Virus gepackt. Zahlreiche Fahrten in die nähere Umgebung, ergänzten unsere Freizeitaktivitäten enorm. Was bisher immer an fehlenden Übernachtungsmöglichkeiten scheiterte, ist von nun ab Geschichte. Die Aktivitäten mit unseren Freunden bei Outdoor Sportveranstaltungen waren ein erster Beleg dafür.

Als wir merkten, es ist mehr als ein Spleen haben wir begonnen, mit einem Blog unserer Erlebnisse zu schildern. Überhaupt, ist die Art des Blogens eine Möglichkeit, den Gedanken und Erlebnissen freien Raum zu verschaffen. Schon lange ist Fotografie eines meiner wichtigsten Hobbys. Das Internet und die Möglichkeit mit Blogsystemen neue Präsentationsmöglichkeiten zu erschaffen, war für mich ein neues Element. Das, wie ich es nenne, Projekt „Fotostorie" ist eben eine solche Möglichkeit. Die Fotografie und die Erlebnisse drum herum zusammenzubringen, das möchte ich mit diesem Projekt erreichen.

Am Beginn unserer Wohnmobilerfahrungen, haben wir Fahrten in die unterschiedlichsten Regionen von Deutschland unternommen. Zuerst an die Ostsee, später dann nach Sachsen und ein Besuch des Caravan Salons in Düsseldorf, verbunden mit einem beruflichen Abstecher nach Oschersleben und nicht zuletzt an den Tegernsee zu unserer Tochter. Allerdings waren dies teilweise extreme Fahrten. Das alte Wohnmobil war für längere Fahrten eben nicht unbedingt geeignet. Deshalb haben wir uns weiter umgesehen und sind in unserer näheren Umgebung fündig geworden. Nach dem Kauf des Eura Mobil Activa 635 LS im September 2011, sind nun viel mehr und bessere Fahrten in die weite Welt möglich.

Dies nutzten wir auch gleich zu einer ersten Urlaubsfahrt über Tegernsee nach Schladming in Österreich. Diese Tour dauerte knapp 1 Woche, wir spürten eine wachsende Begeisterung.

Im Folgejahr unternahmen wir von Beginn der Saison viele Touren zum und entlang des Mains. 120-150 km von unserem Wohnort entfernt, das sind ideale Entfernungen für einen Wochenendaufenthalt. Auch ein 9 tägiger Aufenthalt

mit dem Wohnmobil und den neu gekauften Fahrrädern brachte viel Freude. Durch einen Zufall, hatten wir bei dieser Fahrt plötzlich 2 weitere Begleiter. Unsere Katzen Biene und Liese sind seit daher, immer mit an Bord. Wir waren und sind angekommen.
Im November 2012 sprachen wir beide über die künftige Urlaubsplanung. Wir wollten auf jeden Fall eine längere und ausgedehnte Tour mit unserem Wohnmobil unternehmen. Die Wahl fiel auf Norwegen, so begannen unsere gesamten Vorbereitungen auf die Reise nach Norwegen. In unserem Blog www.fotostorie.de/norwegen kann man über die gesamten Vorbereitungen nachlesen. Doch wie das Leben so spielt kam alles anders .....

Was nun?

Nun endlich ist es soweit, der Urlaub steht kurz vor dem Beginn. Ursprünglich war alles anders geplant, uns sollte diese Tour nach Norwegen führen. Seit November 2012 haben wir uns, auf die Norwegentour vorbereitet. Alle Planungen und Absprachen, alle Buchungen, Reiseziele waren bereits abgestimmt. Sogar ein mögliches Treffen mit Wohnmobilisten wurde in Erwägung gezogen. Doch wie das Leben eben so spielt, kam alles urplötzlich ganz anders!
Mich erreichte an Mittwoch, 14 Tage vor Beginn des Urlaubs, ein Telefonat von meiner Frau. Dieses hätte ich lieber nicht geführt, hier stand plötzlich alles in Frage. Sie wimmerte, stöhnte und weinte jämmerlich. Gott sei Dank war ich bereits unweit unserer Wohnung, alles sofort beendet und gen Wohnung gefahren, nein gerast!
Was ich zu Hause vor fand, möchte ich an dieser Stelle nicht wiedergeben, es hat mir gereicht und dabei will ich es belassen. Der herbei gerufene Notarzt war binnen weniger Minuten bei uns und 10 min später, saß Manu im Rettungswagen in Richtung Krankenhaus. Zunächst irrten die Ärzte herum, was die Diagnose sei, 2 Tage später wurde dies bei einer Ultraschall Untersuchung festgestellt, es handelte sich um eine trockene Lungenentzündung. Ein 1 wöchiger Krankenhausaufenthalt folgte, anschließend der Besuch bei unserem Hausarzt und dann war die Absage der Norwegenreise Fakt!

Was nun, in 10 Tagen sollte es losgehen? Wir haben lange gerätselt, hin und her überlegt. Da war noch ein Besuch in Hamburg, den wir gern gemacht hätten, wir wollten nach Bayern zu unserer Tochter, was ja nun mit Hamburg wenig zu tun hat. Obendrein war in Deutschland Wetter zum Davonrennen. Also war guter Rat teuer. Mir kam dann die Idee es mit Griechenland zu versuchen, Vorschlag ausgesprochen und keine Gegenwehr. Nun war ein Ziel gefunden und ein Traum meinerseits wurde wahr.

Griechenland wir kommen, nun beginnt alles von vorn. Neue Planungen, neue Ziele suchen, alle bisherigen Vorbereitungen zurückschrauben und die neuen beginnen. Nun gilt es weitere Fragen und Probleme zu lösen:

- Brauchen wir eine Fähre?
- Wie gelangen wir nach Griechenland?
- Was ist für Wetter gerade dort?
- Benötigen wir Dinge extra für Griechenland?
- Und viele weitere Fragen …..

Zunächst überwiegt die Freude auf das Kommende, der Alltag hatte uns schnell wieder eingeholt und die weiteren Vorbereitungen liefen so nebenher. Nun gut, es war entschieden!

Von nun an habe ich alle weiteren Vorbereitungen in einem neuen Blog dokumentiert. Dank einer wunderbaren Möglichkeit des Websystems Wordpress, bin ich in der Lage innerhalb weniger Minuten einen neuen Blog zu kreieren. Dieser lautet daher www.fotostorie.de/griechenland, alle weiteren Aufzeichnungen zu der Reise finden hier ihre Heimat. Daher sind beide Blogs eigentlich nicht losgelöst voneinander zu betrachten.

Die Erlebnisse

Die Vorplanung

Wie gesagt, ursprünglich war die Reise in nördliche Gefilde geplant. Norwegen war unser Ziel, dafür haben wir alles vorbereitet. Speisen wurden eingekocht, Getränke besorgt und eingebunkert. Das Wohnmobil wurde für autarkes Stehen umgebaut. Kurz um, wir haben eine Menge Zeit und materielle Dinge investiert, damit wir diese Reise mit minimalen finanziellen Aufwand durchführen können.

Da sich die Situation nun doch etwas verändert hat, benötigen wir weniger Vorrat, da in Griechenland und auf dem Weg dorthin genügend Möglichkeiten vorhanden sind. Trotzdem greifen wir zb. auf unsere eingekochten Speisen zurück, auch das schont die Urlaubskasse doch sehr. Die Umbauten am Wohnmobil können wir freilich im sonnigen Griechenland viel besser nutzen. Die Solarzelle kann dort ihre Einsatzfähigkeit unter Beweis stellen. Ich denke, dass wir ohnehin selten auf Campingplätzen stehen werden. Lassen wir uns überraschen ...

Trotz allem müssen noch einige Dinge geklärt werden, zunächst haben wir die Fähren gen Norwegen storniert. Den Buchungspreis bekommen wir hoffentlich von der Reiserücktrittversicherung wieder. Da wir uns ja nun entschlossen haben, hinwärts über den Landweg zu fahren und rückzu die Fähre benutzen möchten, muss dazu eine neue Fährpassage gebucht werden. Igounemitsa ist der Abfahrtort und da es Camping an Bord sein soll, bleiben für den Ankunftshafen wenige Möglichkeiten. Es geht nach Ancona. Deshalb muss auch die Rückfahrt etwas geplant werden, auf jeden Fall wird es dort auch Zwischenaufenthalte geben. All diese Fragen klärten wir bei unseren Abenden auf dem Balkon, die Vorfreude stieg zunehmend. Entschieden war nun, dass wir am Donnerstag nach meinem Feierabend losfahren werden. Erster Halt soll am Rothsee in der Nähe von Nürnberg sein.

Urlaubsbeginn – bereits früher

Da Manu ab dem kommenden Tag wieder gesundgeschrieben war, haben wir beschlossen am Donnerstag, nach Feierabend, schon ein Stück der Strecke zurück zu legen. So sind wir zwischen 16.30 Uhr und 16.45 Uhr nach noch 2 Besuchen los gekommen. Die Gegend um den Rothsee war unser erstes Ziel. 200 km von der Riesenstrecke zurück gelegt, das ist doch schon was. Hier gibt es 2 Stellplätze, direkt am Rothsee und wenige Meter weiter am Main-Donau Kanal. Diesmal stehen wir am Stellplatz am Main-Donau Kanal, dieser gefällt uns auf Grund der direkten Lage am Kanal deutlich besser.

Bevor wir uns auf dem Stellplatz niedergelassen hatten, haben wir noch das Wohnmobil randvoll aufgetankt. Dazu waren wir im ca. 2 km entfernten Hilpoltstein. Als der Stellplatz eingenommen war, haben wir schon mal artverwandtes griechisches Essen zu uns genommen. An der Tankstelle befand sich ein türkischer Imbiss. Den Abend verbrachten wir mit Thüringer Wohnmobilisten. Die beiden Rudolstädter waren auf dem Rückweg aus dem Urlaub, wir hingegen, froh das dieser nun vor uns lag. Es wurde über dies und das geredet, Erfahrungen ausgetauscht. So wie immer, wenn man sich auf dem Stellplatz trifft. Morgen geht's dann nach Österreich, die Gegend hinter Graz soll das Ziel werden. Etwa 550 km näher an unser Ziel, bin schon gespannt, wie das alles so wird.

Nun hat die Reise tatsächlich begonnen. Die Vorbereitungen haben sich ausgezahlt, alles ist wunderbar im Wohnmobil verstaut, wir denken auch sinnvoll verstaut. Dies haben wir die Tage vor Beginn der Reise noch erledigt, vieles wurde aufgeschrieben, damit auch nachvollziehbar ist, wo die Dinge verstaut sind. Dies nützt uns jetzt, langes Umpacken oder Suchen entfällt. So ist der Plan wie wir uns ihn denken. Naja wir werden sehen ...

Stellplatz Tipps:

Ort/Bezeichnung	GPS Daten	Nord/Süd Daten	
Stellplatz Rothsee	49.209075	N 49° 12' 32.67"	
	11.186221	E 11° 11' 10.396"	
Stellplatz Main-Donau Kanal	49.204028	N49° 12' 14.501"	
	11.188281	E11° 11' 17.812"	

Unterwegs - leider mit Hindernissen

Gut geschlafen, gut gefrühstückt. Los ging es, zuerst nach Neumarkt in der Oberpfalz. Dort besuchten wir den Fritz Berger Shop. Wir hatten gestern mit Stellplatznachbarn ein nettes Gespräch, in dem sie uns von einem Backofen für einen Gasherd berichteten. Diesen wollten und haben wir erworben. In dem weitläufigen Shop haben wir weiter gestöbert, nach neuen Angeboten geschaut.

Wichtig war zb, dass wir die Warntafel für Italien erworben haben, diese ist notwendig für Transporte von Gegenständen die am Fahrzeug angebracht werden. Bisher wussten wir das nicht, gesehen aber schon oft. Ok, dies ist wichtig! Kartenmaterial von Griechenland haben wir auch noch nicht, da fiel mir mit Schrecken das nicht aktualisierte Navi ein. Also gesucht und nach längerem Suchen auch fündig geworden. Nun musste schon die Kreditkarte her halten, das war eigentlich gar nicht geplant, aber sicher sehr wichtig.

Manu weiß schon, warum sie mich von solchen Shops zurück hält, man findet ja immer wieder etwas. Übrigens, die Odyssee dort ging weiter. Dies ist ja nicht nur ein Berger-Shop, es ist auch ein Wohnmobilhändler. So was macht neugierig, nicht nur mich. Wir liefen die einzelnen Wohnmobile ab, was war das denn?
Ein Eura Mobil mit Alkoven und Hecksitzgruppe, weniger als 6 Meter, zu einem Preis der schon Nachdenkens Wert war. Ich denke, wir beide sind ins Grübeln gekommen. Ja, die Wünsche hören nicht auf, sie werden nur noch größer. Das diese Worte wahr werden, konnte ich mir bei der ersten Fahrt mit der Villa I nicht vorstellen. Mittlerweile, ne wir fahren erst mal in den Urlaub ……..

Sehenswerter Tipp:

Ort/Bezeichnung	GPS Daten	Nord/Süd Daten	
Fritz Berger Zentrale, Neumarkt/Oberpfalz	49.305017 11.483614	N49°18' 18.061" E11°29' 01.010"	

Die Fahrt im Hochwassergebiet

Dann auf die Autobahn und los ging's gegen 11.00 Uhr. Wir kamen gut voran, hinter Regensburg mussten wir die Autobahn verlassen um den Aufräumarbeiten wegen des Jahrhundert Hochwassers um Deggendorf auszuweichen. Dies war eine Odyssee, immer neue Umleitungen, denen wir begegneten. So sind wir erst in Vilshofen wieder auf die Autobahn gekommen. Wir hatten aber Glück im Unglück. In der Gegenrichtung, was sich da bot, war der Hammer. Kilometer weit standen die Autos, um ebenfalls wieder die Autobahn zu erreichen. Wir hatten zum Glück, das Nadelöhr schon hinter uns. Als wir wieder auf die Autobahn aufgefahren sind sahen wir das Chaos auf der anderen Straßenseite. Für uns lief es dann flüssig, an der folgenden Tankstelle im Bereich Passau haben wir noch die Vignetten für Österreich und Slowenien erworben, dort kurz Mittag gemacht und nun geht's weiter.

Ursprünglich wollten wir in Passau noch einen Zwischenstopp machen, den wir aber auf Grund des Hochwassers vertagt haben. Es war auch gut so, denn die Donau, die wir mehrfach überfuhren, war ein einziges Meer! Kurz vor der deutsch-österreichischen Grenze sahen wir, dass der Autobahnverkehr in der Gegenrichtung bereits vor Passau von der Autobahn geleitet wurde. Wir waren froh, dass wir diese Stelle so schnell hinter uns lassen konnten.

In Österreich lief es dann flüssig, immer in Richtung Graz, alles ohne weitere Zwischenaufenthalte. Was ich nicht wusste, waren die zusätzlichen Mautzahlungen für die Tunnel, die wir zu entrichten hatten. Ok, damit müssen wir leben. Die Strecke war abwechselungsreich, gerade deshalb weil wir durch das Alpenvorland gefahren sind. Zunehmend verfinsterte sich der Himmel, dies tat aber unserer guten Laune, keinen Abbruch.

Beide Katzen gewöhnten sich nun langsam an die Fahrt, ständig saßen beide im Fahrerhaus und begleiteten uns während dieser Etappe. Biene auf ihrem Platz in der Ablage und die Liese immer auf Manu's Schoß. Irgendwie, so wie eine

Familie. Wir sind jetzt schon froh, die Entscheidung, mit den Katzen zu fahren, getroffen zu haben.

Unmittelbar vor Graz öffnete der Himmel seine Pforten, allerdings war nach dem letzten Tunnel dann wieder eitel Sonnenschein. So nahmen wir die letzten ca. 50 km unter die Räder bis zum Erreichen des Zielortes Unterschwarza, nahe der slowenischen Grenze.

Angekommen - Stellplatz Unterschwarza

Endlich, nach 6,5 h Fahrt sind wir an unserem Ziel in Unterschwarza an der österreichisch-slowenischen Grenze angekommen. Landschaftliche Leckerbissen, leider mit wolkenverhangenem Himmel, säumten den Weg. Strahlender Sonnenschein, auf den letzten 50 km, das nahe Ziel und die Aussicht auf einem wunderschönen Stellplatz, all das ist nun der Lohn des Tages.
Den Stellplatz haben wir im Stellplatzführer des ADAC gefunden. Ich hatte allerdings nicht damit gerechnet, dass dieser so gut gefüllt war. Sicher der Preis, das ganze Flair und die freundlichen Betreiber tun das Beste, es ist auf jeden Fall ein Stellplatz, den wir wieder anfahren werden, nicht nur, wenn es auf diese Strecke geht.

Stellplatz Tipp:			
Ort/Bezeichnung	GPS Daten	Nord/Süd Daten	
Stellplatz Unterschwarza	46.715535 15.676055	N46°42'55.926" E15°40'33.798"	

Restaurant Tipp:			
Ort/Bezeichnung	GPS Daten	Nord/Süd Daten	
Dorfheuriger Unterschwarza	46.715535 15.676055	N46°42'55.926" E15°40'33.798"	

Nachdem wir alle Tätigkeiten auf dem Stellplatz erledigt hatten, haben wir uns dort ein wenig umgesehen. Man kam schnell ins Gespräch mit den Stellplatznachbarn, meist waren die Fragen woher und wohin? Bei fast allen war es die Heimreise, bei uns ja nun der Beginn der Urlaubsreise. Dementsprechend neidisch wurden wir nach unseren Zielen ausgefragt, wo es lang gehen soll, wie lange wir einplanen und nicht zuletzt wo wir übernachten werden. Aber es kamen dann auch die Erlebnisse von uns auf der Fahrt nach Unterschwarza auf die Tagesordnung, denn die meisten wollten die gleiche Strecke als Rückweg benutzen. Als ich dann von dem Chaos unterwegs berichtete, schwang nicht gerade Begeisterung aus deren Gesichtern. Ja, das Hochwasser war dann Gesprächsthema Nr. 1, verständlich für die, die nach Hause wollten, waren es ja meist schreckliche Neuigkeiten.

Später gönnten wir uns in der angeschlossenen Gaststätte unser Abendessen, was meist üblich ist, auf solchen Stellplätzen. Das Essen war wunderbar, die Unterhaltung mit unseren Stellplatznachbarn ebenso. Sie berichteten von ihren Erfahrungen aus dem Kroatien Urlaub, ich denke dies könnte ein nächstes Ziel für uns werden.

Nach dem Abendessen haben wir es uns dann vor der Villa bequem gemacht, die mitgebrachten Getränke sind weitaus billiger als in der Gaststätte. Schließlich wollten die Katzen ebenfalls ein wenig frische Luft schnuppern, die Beifahrertür öffnete sich und wenig später waren beide im benachbarten Maisfeld verschwunden. Wie immer zuerst die Biene, später zaghaft die Liese hinterher. Sie bewegten sich beide um das Wohnmobil herum, so dass die Rückkehr in die Villa dann kein Problem darstellte. Liese allerdings, nahm sich die Freiheit, erst mitten in der Nacht sich bemerkbar zu machen. Der erste Versuch ging also wieder gut.

Weiter geht's - Ziel Kroatien

Trotz des späten Wiederkommens unserer Liese haben wir die Nacht in unserer Villa gut verbracht. Die Reise hat begonnen, erwartungsvoll blicken wir auf das Kommende. Noch sind über 1400 km zurück zu legen, bis wir in Griechenland am ersten Zielort ankommen. Wir denken, dass die schlimmsten Abschnitte in den nächsten 2 Tagen kommen werden. Wir haben viel gehört, was im alten Jugoslawien auf dieser Strecke passiert sein soll. Deshalb haben wir die Etappen so gewählt, dass alles am Tage abgespult werden kann.

Gegen 7.00 Uhr rumorte es dann auf dem Stellplatz, so wurden wir dann auch mit munter. Die Sonne schien, jetzt warteten wir nur noch auf den Bäcker, der gegen 7.45 Uhr kam. Schön vor der Villa gefrühstückt und dann hieß es wieder alles fertig machen. Die nächsten 420 km stehen auf dem Plan. Alles verlief

recht zügig, aber auch im Hinblick auf den beginnenden Urlaub. So haben wir unser Frühstück doch auf etwa 80 min ausgedehnt, das weitere Zusammenräumen und Entsorgung verliefen dann recht schnell. Schnell noch in Österreich aufgetankt und dann ging es auf die Autobahn in Richtung Slowenien. Der Grenzübertritt verlief ohne Probleme, nach ca. 15 min Fahrt waren wir in Slowenien, hier ohne Grenzkontrollen. Durch Slowenien führte zunächst Autobahn, etwa 20 km vor der Grenze nach Kroatien sind wir auf weniger guten Landstraßen zur Grenze nach Kroatien gefahren. Hier erwartete uns der erste Grenzübergang mit Kontrollen.

Nach ca. 15 min hatten wir beide Übergangsstellen ohne Probleme passiert, wenig später sind wir wieder auf die Autobahn aufgefahren und in Richtung Zagreb weiter gefahren. Hier war noch relativ viel Verkehr, aber wir kamen gut voran. Unterwegs sah ich auf einem Hinweiszeichen, dass ein Autocamp Plitwitz unterwegs an unserer Strecke liegt. Hier dachte ich, dass die Plitwitzer Seen dort wären und spontan wie wir sind, war das unser nächstes Ziel. Auf diesem Camp angekommen, entpuppte sich das als ein Rastplatz mit angeschlossenem Campingplatz. Auch die Suche auf der Karte brachte kein

Ergebnis, das hier die Plitwitzer Seen sich befinden. Also weiter geht's!
Hinter Zagreb ging der Verkehr deutlich zurück, ja es war teilweise richtig langweilig hier auf der Autobahn. Die Wärme begann uns zu schaffen zu machen und so beschlossen wir, eine Rast mit Mittagspause zu machen. Wir suchten einen geeigneten Parkplatz und nachdem ich das Gas aufgedreht hatte, haben wir aus unseren Vorräten Gulasch zubereitet.

Frisch gestärkt, etwas ausgeruht und unsere Internetseite aktualisiert, so ging es weiter. Die Pause hat gut getan, bis zum gewünschten Zielort waren es noch ca. 200 km. Das heißt etwa 2h Fahrt, so wären wir gegen 16.00 Uhr dort angekommen. Unterwegs waren immer wieder Schilderbrücken aufgestellt, die die aktuelle Temperatur anzeigten. Hier war es in der Spitze dann bis 31 Grad, was wir auch im Auto spürten. Die Katzen lagen bei uns vorn, mal auf dem Armaturenbrett, auf Manus Schoß oder sie besetzten den Beifahrersitz. Aber, wir waren froh, beide bei uns zu haben.

Nun machten wir uns Gedanken über den Übernachtungsplatz. Da brachte Manu den Vorschlag ein, doch noch weiter zu fahren. Ziel wäre die Umgebung von Belgrad gewesen, so ist auch diese Etappe etwa 550km lang. Nun gut, soweit ausgeruht waren wir, warum nicht! Also Bücher raus und einen Stellplatz in der Umgebung von Belgrad gesucht. Schnell waren wir fündig, der Autocamp Dunav sollte das Ziel sein. Auch ohne Navi, wir werden es schon finden!

Eindrücke von unterwegs!

Unterwegs sahen wir allerdings noch verschiedene Möglichkeiten für eine Übernachtung. Verschiedene Autocamps gibt es an der Strecke, teilweise richtig gut ausgebaut, einige allerdings dem Verfall Preis gegeben. Auch mein Herz als Prüfer hat wieder Wellen geschlagen, wenn man sieht, was in anderen Ländern so möglich ist.

Gegen 18.00 Uhr erreichten wir die Peripherie von Belgrad. Nun begann die Suche nach dem Campingplatz. Ohne Navi, ohne Stadtplan, schien das schier unmöglich zu sein. Also was half es, wir mussten Fragen! Hilfsbereit sind die Serben, mehrmals nachgefragt und wir beide uns gestritten, irgendwann sahen wir ein Hinweisschild. Nun ging es ganz schnell und gegen 19.00 Uhr standen wir auf dem Campingplatz. Die Villa war inzwischen auch vollgetankt, so kann es morgen weitergehen.
Kurz überschlagen haben wir zum jetzigen Zeitpunkt ca. 1200 km seit Suhl abgespult. Wir stehen hier auf dem Campingplatz oberhalb der Donau, die hier auch Hochwasser führt. Der Himmel ist blau. Es wird langsam Urlaub ...

Endlich da, ...

... wir haben den Camp Dunav gefunden. Wie wir schon berichtet haben, haben wir eine etwa 1h Odyssee durch Belgrad bzw. durch die Vororte erlebt. Nun ist alles gut, wir können uns den angenehmen Dingen widmen.

Stellplatz Tipp:			
Ort/Bezeichnung	GPS Daten	Nord/Süd Daten	
Autocamp Dunav	44.878593	N44° 52' 42.935"	
	20.355058	E20° 21' 18.209"	

Backofen auf dem Gaskocher

Manu brannte drauf, die neue Errungenschaft aus dem Berger Shop in Neumarkt zu testen. Die Zubereitung ist recht einfach, die noch vorhandenen Brötchen sollen aufgebacken werden und mit noch weiteren Zutaten soll das ein leckeres Abendessen ergeben. Es gab überbackene Brötchen mit Salami und Ei. Lecker war's, und bietet viele neue Möglichkeiten! Im Übrigen sind wir froh, den kleinen Kocher mitgenommen zu haben, denn so können wir vor dem Wohnmobil alles kochen und die Wärme, die durch das Betreiben des Gasherdes in unserer Villa entsteht, bleibt draußen. Es hat für mich fast so den Anschein, als würde ich am Grill sitzen und gemütlich das Abendessen zubereiten. So mag ich das, so gefällt mir das!

Nun, dies war der erste Versuch mit diesem Backofen. Wir werden sicher noch öfter in den kommenden 3 Wochen die Gelegenheit haben, den Backofen ausführlich zu testen. Dass das Essen lecker war, zeigte dass einige der Anwesenden auf dem Campingplatz zu uns herüber schauten. Da wo es gut riecht, so was zieht an. ich kenne das aus eigener Erfahrung.

Den Katzen gewährten wir an diesem Abend keine Freiheit außerhalb des Wohnmobils. Zuerst ist der Grund, dass es am Zaun, dann sehr steil nach unten in Richtung Donau geht und zum anderen wollen wir ja am kommenden Morgen auch wieder losfahren. Ob die damit einverstanden sind, ich glaube es nicht. Beide kommentierten das am offenen Fenster recht lautstark.

Anschließend haben wir uns noch auf dem Campingplatz ein wenig umgesehen, diesen tollen Blick auf die Donau und einem Stück von Belgrad konnten wir noch vor dem Dunkel werden, sehen.

Autocamp Dunav bei Nacht

Der Campingplatz ist mit WLAN ausgerüstet, dies nutzte ich natürlich, den Blog zu aktualisieren. Anschließend bekam ich die Idee, auch mein Navi auf den aktuellsten Stand zu bringen. Gesagt, getan! Ich also an die Rezeption und dort war der beste Empfang. Ok, die Seite war schnell gefunden, es konnte losgehen. Dann ging das Übel los, die Datei die ich herunterladen wollte, war nur 1,4 GB groß. Mal sehen wie gut das Netz in Serbien ist, doch recht bald merkte ich, dies wird eine Nachtaufgabe. Ich also zum Platzwart, mit Ihm gesprochen und sehr zuvorkommend genehmigte er mir, dass ich meinen Rechner über Nacht im abgeschlossenen Restaurant lassen konnte.

Der nächste Morgen kam, schnell alles Wesentliche organisiert und ab zum Platzwart. Der Rechner stand noch so, wie ich ihn verlassen hatte. Allerdings ging die Sache doch schief. Die Internetverbindung wurde nachts gegen 2.00 Uhr kurzzeitig gekappt, damit hat das Herunterladen nicht geklappt. Mist, aber nicht zu ändern. Besorge ich mir in Griechenland eben ein neues Navi, das werde ich Manu unterwegs schon einreden können, dachte ich mir.

In Kallithea angekommen

Die längste Etappe liegt nun vor uns, ca. 750 km bis zum ersten Zielort. Das Wetter verspricht einiges, die Sonne steht allein am Himmel, von Wolken keine Spur. Wir haben uns bemüht, heute mal früher los zu kommen. Es ist aber wieder erst gegen 8.45 Uhr geworden. Ok, hetzen wollen wir nicht und Hektik ist uns fremd im Urlaub. Ich war mit meinen Tätigkeiten außerhalb des Wohnmobils bereits fertig, Manu hatte im Inneren noch zu tun. So habe ich die Zeit genutzt, noch einige Aufnahmen vom Stellplatz anzufertigen.

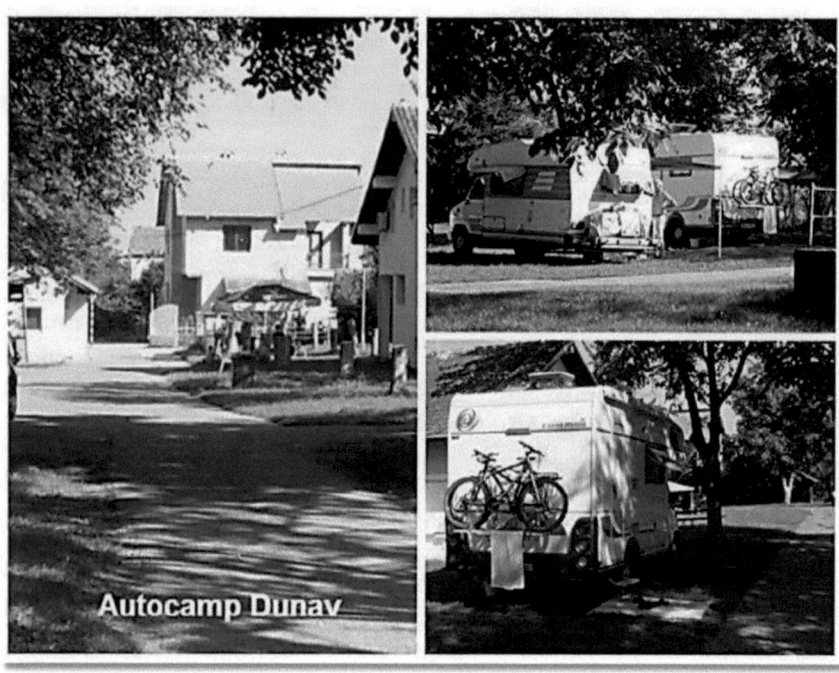

Schnell erreichen wir die Autobahn, wurden dann allerdings über Landstraßen weiter geleitet. Auch mal interessant was man da so alles zu sehen bekommt. Sagen wir es mal so, andere Länder, andere Sitten! Verkehrsregelungen die komisch erscheinen, teilweise richtig schmale Straßen usw. Als nächstes sahen wir einen riesigen Menschenauflauf, beidseitig entlang der Straße. Gut es war Sonntag, eventuell ein Volksfest. Zahlreiche Stände, rechts und links,

 Unmengen von Fahrzeugen und Menschen. Bei näherem Betrachten, entpuppte sich das Ganze als ein Gebrauchtwarenmarkt für Autos und Teile. Jetzt wusste ich, wohin die alten Autos gehen, die bei uns als schrottreif deklariert werden.

Dann ging es wieder auf die Autobahn in Richtung Nis. Ca. 200 km, aber die hatten es mit Überraschungen in sich. Nix Schlimmes, aber Ungewohntes für uns Deutsche. Als erstes fuhr auf dem schmalen Seitenstreifen ein Radfahrer mit uns auf der Autobahn, dies wiederholte sich dann noch weitere 2x. Ein nettes Abenteuer hätte ich auch erleben können, eine Dame aus dem horizontalen Gewerbe bot ihre Dienste auf dem Seitenstreifen der Autobahn an. Manu war zu diesem Zeitpunkt im hinteren Teil des Wohnmobils, da die Dame mich alleine wähnte, waren ihre Bemühungen mehr oder weniger intensiv. Nett anzuschauen war es schon, auch wenn es kurz war. Parkende Fahrzeuge auf dem Seitenstreifen von Bauern, die ihre Felder bewirtschafteten gab es auch öfter. Nun gut, dies war eine willkommene Abwechslung, für die ansonsten öde Strecke.

Am Ende von Serbien führte der Weg durch ein kleines Bergland, welches noch nicht durch Autobahnen erschlossen ist. Für ca. 70 km wurden wir auf Landstraßen in Richtung Mazedonien weiter geleitet. Dies war dann etwas Abwechslung, zumal die Bauaktivitäten enorm sind, ich denke in wenigen Jahren wird dort die Autobahn vollendet sein. Dann ging es wieder auf die Autobahn, die Zeit war schon voran geschritten und wir wollten Mittag machen. Ein geeigneter Rastplatz wurde auch schnell gefunden. Das ganze Objekt war offensichtlich komplett neu. Ein weiteres Wohnmobil stand auch auf dem Platz, dies war seit langem das einzige was wir sahen. Fahrzeug abgestellt, ich ging an die Tankstelle und holte einen Wassereimer um die Scheiben zu säubern. Zahlreiche Fliegen und weitere Insekten hatten sich auf der Frontscheibe verewigt. Auf einmal schrie ein Serbe über den Platz, es sprang ein weitere auf uns zu, da schwarmte mir böses. Nix dergleichen geschah, er nahm seinen Kärcher und reinigte ohne Auftrag von uns, die Villa. Das war Service pur. Ich bedanke mich mit einem kleinen Obolus und wir hatten eine saubere Villa.

Unterwegs in Serbien, die Villa wird gereinigt!

Rastplatz Tipp:

Ort/Bezeichnung	GPS Daten	Nord/Süd Daten	
Valoni Petrol	42.349589 21.722169	N42° 20' 58.520" E21° 43' 19.808"	

Nach einem Durchrechnen des Dieselvorrats, haben wir an besagtem Rastplatz gleich noch vollgetankt. Der Pächter des Tank- und Rastplatzes war derjenige, der seinen Angestellten zum Reinigen animiert hat. So hat der von unserem Aufenthalt auch noch etwas gehabt. Frisch gestärkt, vollgetankt und gewaschen machten wir uns auf den Weg, die restlichen 30 km bis zur Grenze nach Mazedonien verliefen ohne weitere Auffälligkeiten.

Der Grenzübertritt nach Mazedonien folgte als nächstes. In Serbien und Mazedonien wird für die Katzen ein Gesundheitszeugnis gefordert. Diesen haben wir auf Grund der Kürze der Zeit nicht mehr erbringen können. Also mussten die Katzen dazu gebracht werden, an diesen Grenzübergängen sich in "Luft aufzulösen". Als ob die beiden das verstanden haben, ein kurzer Klaps und beide waren in Ihren Verstecken verschwunden. Manu beseitigte die anderen Spuren, die auf die Katzen hinweisen und so sind wir durch alle Grenzkontrollen gekommen. Biene und Liese sind halt liebe Katzen. So haben wir Serbien passiert, jedoch an der mazedonischen Grenze wurde von uns die

Grüne Versicherungskarte verlangt. Gott sei Dank habe ich diese noch in meinen Hefter gepackt. Also auch das erledigt und wir waren in Mazedonien.

Landschaften in Mazedonien

Abwechselnd erlebten wir weitere Überraschungen und endlich mal wieder landschaftlich interessante Strecken. Unterwegs lief eine Gruppe mit ca. 15 Jugendlichen über die gesamte Breite der Autobahn, die sich nicht aus der Ruhe bringen ließen, weiter haben wir eine umfassende Autoreparatur auf der Autobahn erlebt. 2 Autos stehen nebeneinander und in dem einem wurde mal schnell der Motor gewechselt. Für uns Deutsche alles unvorstellbar. Hervorzuheben ist, die Kreditkarten funktionieren in Mazedonien nicht so richtig, Bargeld hat für die Mautzahlung dann weiter geholfen.

Am letzten Grenzübergang nach Griechenland, gab es noch eine erwähnenswerte Begebenheit. In Mazedonien hatte ich die Wohnmobilisten, die wir in Serbien gesehen hatten noch überholt. Dies war etwa 10 km vor dem Grenzübergang. Nachdem die mazedonische Grenze passiert war, ordneten wir uns auf die kürzeste Spur am Grenzübergang ein. Alle Vorbereitungen wurden unsererseits getroffen. Auf einmal sagte Manu, passen wir denn da überhaupt durch. Die Höhe der Passage war auf jeden Fall kleiner als 3 m. Ok, also auf die andere Spur. Blick in den Rückspiegel, die gleiche Intention hatten die beiden Wohnmobilfahrer auch. So was nennt man Herdentrieb.
Nun endlich, wir haben Griechenland erreicht. Gegen 16.45 Uhr haben wir, genau nach 1900 km, griechisches Territorium erreicht. Nun sind wir am Ziel unserer Wünsche, ich geb's ehrlich zu, ich hatte feuchte Augen. Die folgenden ca. 140 km bis an unseren Zielort, haben wir auch ohne Probleme hinter uns gebracht. So erreichten wir die Umgebung von Kallithea. In Afitos haben wir einen Zwischenbesuch im Lidl eingelegt, wohlgemerkt es war Sonntagabend, gegen 19 Uhr. Die restlichen 5 km bis nach Kallithea waren reinste Vorfreude auf das Kommende. Direkt vor unserem gewünschten Stellplatz begrüßten wir den ersten Bekannten. Nikos aus der Taverne, alles war wie immer. Als er uns

erkannte, war die Begrüßung herzlich. Nach der langen Etappe genehmigten wir uns ein Mythos.

In der Zwischenzeit telefonierte ich mit Jannis, dem Besitzer des Hotels, in dem wir uns immer eingemietet haben. Dieser war 10 min später da, wir durften auf seinem Gelände stehen bleiben, bekamen Strom und Wasser. So haben wir auch unser erstes Abendessen dort zu uns genommen. Später, nachdem wir unseren Stellplatz bezogen hatten, ging's in den Ort.

Restaurant/Hotel Tipp:

Ort/Bezeichnung	GPS Daten	Nord/Süd Daten	
Niko's Taverne Kalithea	40.077928 23.445859	N40° 04' 40.541" E23° 26' 45.092"	
Hotel Kaldera	40.077928 23.445859	N40° 04' 40.541" E23° 26' 45.092"	

Als erstes waren wir bei Sofia, einer Bekannten aus früheren Besuchen, die wir überraschten. Die Überraschung war uns wirklich gelungen. Völlig perplex mussten wir Ihr und den anderen von unserer bisherigen Reise und von unserem Vorhaben berichten. Sofia bemerkte, aufmerksam wie sie war, dass wir von der Fahrt mächtig geschafft waren. Ihr Freund ist dann auch gleich los und besorgte Getränke. Von da ab war der weitere Abend gelaufen, wir saßen vor Ihrem Laden, saugten das Flair des kleinen Städtchens auf und ich war einfach nur glücklich. Wir sind in Kallithea angekommen, irgendwie fühle ich mich wie in meiner 2. Heimat. Deshalb machte ich auch gleich einen Rundgang durchs Örtchen, eventuell auch um andere Bekannte zu treffen.

Nun beginnt der Urlaub!

Nach dem anstrengenden Tag gestern, ging das Besuchsprogramm in Kallithea noch von statten. Aber auch das haben wir bewältigt, den Abend haben wir gemütlich vor der Villa ausklingen lassen. Nach diesem Tag denke ich, dass wir uns das verdient haben. Die Katzen durften auch das Wohnmobil verlassen, was beide auch gern genutzt haben. Eigentlich so wie immer, wenn wir an einem neuen Stellplatz ankommen, bewegen sich Liese und Biene nur im kurzen Umkreis um die Villa. Liese war das alles nicht so geheuer, sie war schnell wieder in der Villa verschwunden. Biene hingegen, vollführte einen größeren Umkreis. Nicht gerechnet hatte sie allerdings mit den einheimischen Katzen, was wir lautstark dann bemerkten. So war die Biene auch wieder an Bord und wir konnten zu unserer Nachtruhe übergehen.

Morgens, gegen 7.30 Uhr kitzelte uns die Sonne aus dem Bett, da müssen wir auf jeden Fall besser abdunkeln die nächsten Tage. Wir haben beide wunderbar geschlafen, klar nach dem Marathon den wir zurückgelegt haben und dem Besuchsprogramm am Vorabend, hatten wir beide die nötige Bettschwere. Während des Frühstücks haben wir das Tagesprogramm beraten, für mich stand an erster Stelle, das Internetproblem zu lösen. Dazu hatte ich am Vorabend mit unseren Freunden schon darüber gesprochen und einen wertvollen Tipp erhalten. Kallithea ist zwar das kulturelle und touristische Zentrum von Kassandra, der Verwaltungsort ist aber Kassandreia. Deshalb führte uns der Weg zuerst in diesen, 5 km von Kallithea, entfernten Ort. Nach längerem Suchen fanden wir die beiden Shops, bei Vodafone ging es nicht, Cosmote konnte mir das gewünschte zur Verfügung stellen. Eine PrePaid Karte für das Internet, wir haben 5 GB für 30 Tage und 40 € gebucht. Das sollte ausreichen und ich war Ziel des Ausflugs. Zufrieden und frei für Neues, traf ich Manu wieder, was nun? Sie wollte an einen Strand, ich wusste die Lösung. Kallithea liegt an der Ostküste, Kassandreia in der Mitte, Siviri an der Westküste. Die Fahrräder waren sowieso im Einsatz, warum nicht nach Siviri? Manu mit diesem Vorschlag konfrontiert, die Frage wie weit, meine Antwort etwa 5 km. Also los. Radwege in Griechenland, ein Fremdwort. Also alles entlang einer viel befahrenen Straße, was schon manchmal bedenklich ist. Die Strecke an sich war abwechslungsreich, Häuser, Shops, Werkstätten befanden sich entlang der Straße. nach ca. 15 min erreichten wir den Ortsrand von Siviri, bis zum Strand war es noch ca. 1km.

Am Strand von Siviri

Der Weg führte entlang der Hauptstraße und kurz vor dem Strand dann über einen breiten Fußweg. Der Weg mündet direkt auf einen Steg der ins Mittelmeer führt. Der erste direkte Blick auf das Mittelmeer!

Strand/ Bade Tipp:			
Ort/Bezeichnung	GPS Daten	Nord/Süd Daten	
Siviri Beach	40.035788 23.359603	N40° 02' 08.837" E23° 21' 34.571"	
Turtle Beach	40.065641 23.340796	N40° 03' 56.308" E23° 20' 26.866"	

Doch anstatt Freude zu verspüren, wurde ich mit einem Vorwurf konfrontiert. Warum haben wir keine Badesachen mitgenommen, so lautete die vorwurfsvolle Frage von Manu. Meine Antwort, war keine. Es hat sich einfach so ergeben! Nichts, desto trotz, wir waren glücklich. Spürten, nun endlich angekommen zu sein. So hielten wir uns ca. 1h am diesem Strand auf, die direkt daneben liegende Taverne bot uns die Möglichkeit, uns einen Schluck auf unseren Urlaub zu genehmigen. Anschließend sind wir zurück nach Kallithea gefahren. Die lang gezogene Steigung vor dem Ortseingang, stellte Manu vor Probleme. Die zurückliegende Erkrankung hat doch noch Auswirkungen. Man muss nicht hetzen, so haben wir uns genügend Zeit gelassen. Mittag haben wir in der Villa zu uns genommen. Die vorbereiteten Speisen für die Fahrt standen auf dem Speiseplan, gemixt mit frischen griechischen Dingen.

Was sich während der Fahrt andeutete, nahm auch in Griechenland seinen Lauf, die Temperaturen stiegen in Höhen, die wir als astronomisch bezeichnen würden. Jenseits der 35 Grad war es bereits beim Eintreffen am Wohnmobil, dementsprechend auch die Temperaturen im Inneren. Von nun ab liefen unsere mitgebrachten Lüfter im Dauereinsatz. Für unsere Katzen war dies auch nicht einfach zu verkraften, beide lagen an schattigen Plätzen und streckten alle viere von sich. Ich denke, für die beiden, war der Temperaturwechsel schon sehr enorm.

Nach unserer Mittagsruhe, sind wir gegen 16 Uhr an den Strand und hatten vor, in die Fluten des Mittelmeers einzutauchen. Zuvor haben wir noch alte Bekannte aus dem voran gegangenen Urlaub getroffen und begrüßt. Typisch für die Griechen, wir wurden sofort eingeladen. So durften wir auch die Strandliegen kostenlos nutzen, was wir auch ausgiebig genutzt haben. Ein schattiges Plätzchen gesucht und dann ging es ins Meer. Das Wasser war sehr angenehm, ich schätze mindestens 25 Grad hatte es schon. Nach den Anstrengungen vom Vormittag und der Schweißattacke in der Villa, war dies eine willkommene Abkühlung.

Strand/ Bade Tipp:

Ort/Bezeichnung	GPS Daten	Nord/Süd Daten	
Kallithea Beach	40.078966	N40° 04' 44.278"	
	23.448133	E23° 26' 53.279"	

So verbrachten wir den Rest des Nachmittags am Strand. Nach 2 Badegängen ging es auf 19.00 Uhr zu und wir beendeten den Strandausflug für diesen Tag. Das Abendessen haben wir mit einem Fehlgriff begonnen, später allerdings richtig lecker, an unserer Villa, zu uns genommen. Dann der übliche Rundgang durchs Dorf, wo wir bei Sofia wieder hängen blieben. Gegen 21.30 Uhr sind wir zurück an unsere Villa und wollten die Zeit dort noch genießen. Jetzt kamen die Katzen auch zu ihrem Ausflug, sie durften wieder griechisches Terrain erobern. Beide Katzen nutzten dies auch aus.

Die Liese bescherte uns ein weiteres Erlebnis, welches wir gar nicht so recht einordnen können. In dem Komplex, wo unsere Villa steht, sind wir ja schon mehrfach gewesen. Wir haben immer das gleiche Hotelzimmer bezogen, der letzte Aufenthalt war im Oktober 2012. Nun ging die Liese auf dem Hof zunächst auf und ab. Irgendwann ging Liese die Treppe hinauf, suchte mit Ihrer Nase nach Spuren und setzte sich genau vor das Hotelzimmer, in dem wir immer wohnten. Sie miauzte, das Zeichen sie wollte dort hinein. Manu ging dann nach oben und etwas verstört ließ sich die Liese einfangen. War das nun Zufall?

Die Nacht war dann nicht so angenehm, einen Mückenüberfall mussten wir überstehen und die Luft stand im Wohnmobil. Für beides wurde Abhilfe geschaffen, danach ging's eigentlich ganz gut. Mitgebrachte Mückenmittel mussten herhalten und der Standlüfter wurde nun auch nachts über eingeschalten. Von da ab, lief zumindest der große Standlüfter rund um die Uhr. Positiv war, dass damit die Mückenplage sich in Grenzen hielt. Dies war nun der erste richtige Urlaubstag, wir wollen die weiteren genauso entspannt angehen und genießen.

Markttag in Kassandreia

Schon auf unserer letzten Reise, hatten wir die Gelegenheit den Markttag im Nachbarort Kassandreia zu besuchen. Schon damals hat mich das Angebot, vor allem an Obst, Gemüse und den anderen Lebensmitteln überzeugt. Schon immer faszinieren mich solche Märkte, egal wo und welcher Art diese sind, ich möchte ganz einfach schlendern und mich von den zahlreichen Auslagen auch mal zu einem Kauf inspirieren lassen. Leider war dies bisher immer nicht möglich. Aber, bei diesem Besuch haben wir zugeschlagen.

Wir haben extra für den Besuch des Marktes unseren Aufenthalt in Kallithea verlängert. Nach dem gemütlichen Frühstück, sind wir auf die Räder und wieder gen Kassandreia gefahren. Der Markt war schon gut besucht. Sehr weitläufig bieten zahlreiche Händler ihre Waren an, durch die engen und verzweigten Straßen, kommt man bei der Vielzahl der Besucher nur schwer hindurch. Im Zentrum des Ortes sind die eigentlichen Marktbetreiber zu finden. Dort wird Obst, Gemüse, Fisch, Fleisch usw. alles angeboten. Es macht wirklich Spaß dort entlang zu schlendern. Hervorzuheben ist auch hier die zurückhaltende Art der Griechen, kein lautstarkes Geschrei, kein vordergründiges Werben findet statt. Die Auswahl fällt bei der Vielzahl sehr schwer, da muss man sich einfach entscheiden.

Abschied von Kallithea

Nach dem Marktbesuch in Kassandreia, sind wir zurück nach Kallithea gefahren. Die Hitze war enorm, so dass weitere Aktivitäten auf den späten Nachmittag verlegt wurden. Baden und Chillen am Strand, das musste einfach sein. Ich bin dann mit dem Fahrrad nochmals durch Kallithea gefahren, habe unserer Tochter Susanne ihre Wirkungsstätten besucht. Für mich das einfach eine vorgezogene Art von Abschied nehmen.

Wer weiß wann sich die nächste Gelegenheit bietet, Kallithea nochmals zu besuchen.

Um die schöne Zeit in Kallithea mit angenehmen Erinnerungen zu beenden, haben wir beide beschlossen noch einen zünftigen Abschied mit unseren Freunden zu feiern. Was lag da näher, als die mitgebrachten Thüringer Bratwürste gemeinsam zu essen. Sofia und Manfred wussten um deren Geschmack, Sofia's Freund Jannis, allerdings noch nicht. Gegen 20.00 Uhr bereitete ich an der Villa, natürlich auf einem Holzkohlegrill, die Bratwürste zu und anschließend begaben wir uns dann zu Ihrem Geschäft.

Sofia ihr Hund vollführte wahre Freudentänze, als der Duft ihm in die Nase stieg. Er war gar nicht mehr zu bändigen. Klar, zu Thüringer Bratwürsten gehört auch der richtige Senf, auch den hatten wir dabei. Völlig hingerissen nahmen wir alle diese Bratwürste zu uns, eigentlich waren es viel zu wenige. Nachdem die leckeren Bratwürste vertilgt waren, wurde das ein sehr angenehmer Abend. Sofia steuerte die Getränke wieder hinzu und so redeten wir über viele Dinge.
Mitten im Gespräch sprachen wir beide an, dass wir Olivenöl mit nach Hause nehmen wollen. Nun ging es um die Menge, da wir ja Bestellungen entgegen genommen hatten. Als das geklärt war, ging Jannis los und organisierte das für uns. Wenig später kam ein Händler und brachte uns einen Kanister mit 16 l Olivenöl, den wir gleich in unserer Villa verstauten. Also auch das erledigt.

Die Rundfahrt beginnt - Weiter geht's

Nachdem wir Kallithea verlassen haben, führte uns der Weg zunächst nach Thessaloniki und anschließend weiter in Richtung Athen. Dort hatten wir mehrere Campingplätze ausfindig gemacht, den in Platamonas haben wir aus mehreren Gründen favorisiert. Die parallel verlaufende Autobahn A1 und die Bahnlinie haben hier keine Auswirkungen. Beschrieben wurde der Platz als bewachsen, dem können wir uneingeschränkt beipflichten. Auf den ersten Blick waren wir sehr enttäuscht vom Platz, dunkel, nur Camper mit fest installierten Wohnwagen, wenig gepflegt usw. Wir haben dennoch beschlossen zu bleiben, haben alle Formalitäten erledigt und sind dann auf Stellplatzsuche gegangen. Irgendwann fanden wir einen ordentlichen und anschließend haben wir uns dort breit gemacht. Nachdem wir alles soweit aufgebaut hatten, sah die Welt schon anders aus. Die zahlreichen, dicht bewachsenen Bäume spendeten genügend Schatten. Der war zwingend notwendig, nachdem wir in Kallithea ohne irgendeinen Schatten auf dem Hof des Hotels standen. Unsauber war der Platz insofern, dass das ganze Laub von den Bäumen mehr oder wenig rumlag. Die sanitäre Einrichtung war Top, da gibt's nix auszusetzen.

Stellplatz Tipp:

Ort/Bezeichnung	GPS Daten	Nord/Süd Daten	
Camping Kalamaki, Platamonas	39.986212 22.630761	N39° 59' 10.363" E22° 37' 50.740"	

Anschließend eine erste Erkundungstour in den naheliegenden Ort. Da es Mittagszeit war, haben wir gleich in einer der ersten Taverne eine sehr leckere Pizza zu uns genommen. So kamen wir schnell mit den Betreibern ins Gespräch, wir spürten beide die Herzlichkeit die von den beiden ausging. Wir haben dafür unser Mittel, wie wir mit den Griechen schnell warm werden. Ganz einfach die Griechen akzeptieren, sie in Landessprache begrüßen, meist ist da der erste Bann gebrochen. Ein Kalimera, ein Yassas oder Kalispera beim Eintreten zu sagen, fällt niemandem schwer. Bitte und Danke (Paragalo und Epftaristo) auf Griechisch zu sagen, schon sieht man ein Lächeln bei den Einheimischen. Das funktioniert übrigens auch in den griechischen Restaurants Deutschland.

Restaurant Tipp:

Ort/Bezeichnung	GPS Daten	Nord/Süd Daten	
Grill House „Sakis"	39.990577 22.627693	N39° 59' 26.077" E22° 37' 39.695"	

Zurück zur Villa, Mittagsruhe eingenommen und dann an den Strand, der von uns ca. 150 m entfernt ist. Der Strand ist hier wesentlich steiniger wie zuvor in Kallithea, hat dafür aber einen Blick auf den Olymp. Doch was ist das am Gipfel? Da liegt Schnee! Ist schon irre, man geht bei fast 40 Grad baden und in geringer Entfernung liegt Schnee. Gegen 19.00 Uhr forderten die Katzen ihre Freiheit, wir ließen sie stromern. Beide Katzen bewegten sich im Umfeld der Villa, mal waren sie bei uns, im nächsten Moment stromerten beide über den weitläufigen Platz. Nach dem Abendessen wollten wir nochmal nach Platamonas. Einfach auch in diesem Ort, das griechische Flair genießen. Was machen wir mit unseren Lieblingen? Nun, da die Katzen sich nicht einfangen ließen, beließen wir es dabei und machten uns auf den Weg.

Die Zeit war schon weit fortgeschritten, wir sind erst gegen 21.00 Uhr los gelaufen. Auch hier in Platamonas spielt sich das Leben am Abend ab. Viele offene Tavernen, Bars, Geschäfte, Shops usw. warben um die Gunst der zahlreichen Passanten. Die Hauptstraße zieht sich über ca. 1,5km entlang des Strandes. Wir schlenderten diesen Weg entlang, u.a. haben einen Abstecher an den Hafen gemacht.

Der Hafen ist zweigeteilt, auf der einen Seite sind viele Fischerboote, während auf der anderen Seite sich zahlreiche kleine Yachten und Segelschiffe befinden. Das erklärt auch, die Unmengen von Menschen, die sich hier befinden. Neue Eindrücke soll man speichern, des halb haben wir bei solchen Gelegenheiten auch immer einen Fotoapparat dabei. Ich könnte bei diesen Gelegenheiten, Unmengen von Bildern schießen. Allerdings ist dies alles situationsbedingt, mit einigem Abstand betrachtet wirken viele kitschig. Trotzdem geht es mir immer wieder so, ich habe zahlreiche Aufnahmen gemacht. Aussortieren kann ich zu Hause immer noch. Während wir auf dieser Promenade so entlang liefen, verspürten wir die Lust noch etwas zu trinken. Gut, dies wäre einfach gewesen, die zahlreichen Tavernen luden ein. Unausgesprochen sagten wir uns aber, die Urlaubskasse ist begrenzt, deshalb suchten wir einen der zahlreichen "Supermärkte" auf. Rotwein und 2 Mythos zum Preis von einem in einer Taverne, dies ist doch eine Alternative. Wir suchten eine Sitzgelegenheit irgendwo da, wo Leben ist und hier schmeckte das Mythos nochmal so gut. Nun traten wir den Rückweg an, wieder entlang der Promenade. Diesmal auf der anderen Straßenseite. Es war bereits gegen 23.30 Uhr, langsam schlossen

die ersten Geschäfte, allerdings die Bars und Tavernen waren alle gut besucht.

Kurz vor dem Ende der Promenade sahen wir ein Gemüsegeschäft, wo uns die Tomaten u.a. Gemüsesorten anlächelten. Manu schaute sich die Auslagen an, wir beide besprachen das Mittagessen für den nächsten Tag. Die Idee waren Schmorgurken, also hier alles dafür eingekauft.

Dann ging's zurück zur Villa. Die spannende Frage war nun, was machen die Katzen? Erwartungsvoll kamen wir auf dem Campingplatz an, erreichten das Wohnmobil. Besser wie erwartet, beide Katzen waren direkt am Wohnmobil und erwarteten uns. Wir beendeten vor der Villa diesen Abend, genossen die laue, etwas kühlere Luft mit diversen Getränken. Während wir so saßen und uns unterhielten, waren beide Katzen ständig um uns herum. So, wie bei einer kleinen Familie. Irgendwann machten wir uns dann bettfertig, wir öffneten die

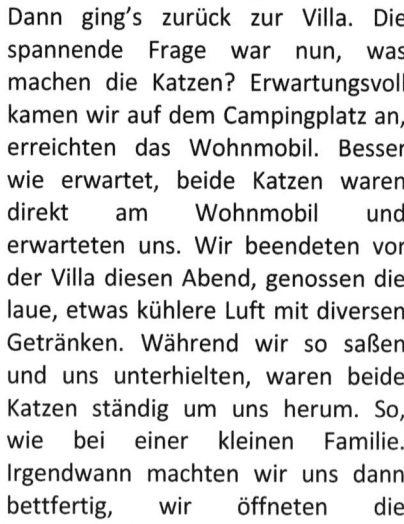

Beifahrertür. Dies ist das Zeichen für die Katzen, dass es jetzt wieder nach Hause geht. Die Liese ließ sich einfangen, währen die Biene sich wieder abmachte. Zunächst kein Problem, dies kommt öfter vor. Meist ist sie dann nachts soweit, in die Villa zu kommen. Die Nacht verging, nix passierte, Biene war am nächsten Morgen noch nicht wieder da! Auch mehrfaches Rufen und der Pfiff von mir brachte keinen Erfolg. Naja, wir werden sehen, wie es weiter geht ....

Bangen und Hoffen um Biene

Der nächste Morgen kam, es dämmerte bereits kräftig. Manu erwachte, sofort nach der Biene geschaut, niemand kam! Die üblichen Floskeln folgten, sie wird schon kommen. Biene ist an's Futter gewöhnt usw. Was soll's, manchmal treibt sie mit uns solche Spiele, erlebt haben wir das schon öfter. Wieder hingelegt und bis ca. 9.00 Uhr geschlafen. Kaffee aufgesetzt, Brötchen aufgebacken und erstmalig sind wir bereits vor dem Frühstück an den Strand. Fast allein am Strand, klare Luft, ruhiges Meer, Herz was willst du mehr. Ein kurzes Bad genommen und in der Folge ein gemütliches Frühstück vor der Villa. Die Pläne für den heutigen Tag hatten wir bereits besprochen. Ein Zeichen dafür, wie sehr wir bereits im Urlaub angekommen waren, sind die Zeiten des Frühstücks. Meist haben wir ca. 2 h mit allen Dingen zugebracht. So war der beginnende Tag schon fortgeschritten.

Strand/ Bade Tipp:			
Ort/Bezeichnung	GPS Daten	Nord/Süd Daten	
Kalamaki Beach	39.986418	N39° 59' 11.105"	
	22.634474	E22° 38' 04.106"	

Anschließend stand etwas Kultur auf dem Plan, eine nahe Burg aus dem 11. Jahrhundert wollten wir besichtigen. Dazu hatten wir schon vorher beschlossen einen Skooter auszuleihen. Eine Alternative wären die Fahrräder gewesen, allerdings befinden wir uns hier in sehr bergigem Gelände. Die Mietstation war schnell gefunden, das Ausleihen schnell erledigt.
Gleich wieder zurück zum WoMo. Zunächst erst einmal ein paar Bilder gemacht, da Manu noch nicht ganz fertig war. Nachdem auch das erledigt war,

sind wir dann auch zügig los gefahren. Zunächst durch den Ort, dabei nochmals alles angesehen, was wir zuvor nachts gesehen hatten. Ein Blick auf die Tankanzeige offenbarte, dass wir erst mal Tanken mussten. Im Nachbarort Neo Pantaleimon fanden wir eine Tankstelle. Aufgetankt, bereits bei 5 Euro schloss die Tanksäule. Hm, was war denn das? Später stellte sich heraus, dass die Tankanzeige gehangen hat. Nun denn, auch das erledigt, gleich gegenüber befand sich der Parkplatz, von der Festung, die wir besichtigen wollten.

Ausflugsziel Tipp:

Ort/Bezeichnung	GPS Daten	Nord/Süd Daten	
Platamonas Castle	40.004287 22.596000	N40° 0' 15.433" E22° 35' 45.60"	

Wir also rauf, die ca. 200m Weg hatten wir auch bei der Hitze schnell hinter uns gebracht. Naja was soll man sagen. Im Inneren wurde zunächst Eintritt kassiert, das erste Mal, das wir unfreundliche Griechen bemerkten. Weiter ging es auf einen Rundweg, ab und an ein paar schöne Aussichtsplätze, Ausgrabungen und überdachte Punkte und das war's! Alte Steine halt, nicht mehr und nicht weniger.

An dieser Stelle sollten wir lieber sagen, dass wir beide keine Museumsgänger sind. Anschließend sind wir in der Umgebung dieser Burg herumgefahren, zum einen um einen guten Aussichtspunkt für Fotos zu bekommen und zum anderen etwas von der näheren Umgebung mit zu bekommen. Von hier hatten wir einen tollen Ausblick auf das Massiv des Olymp. Dies musste ich freilich fotografisch festhalten.

Auf dem Rückweg haben wir uns mit Wasser eingedeckt, bei der Hitze war das unbedingt notwendig. Dazu mussten wir erneut durch das Dorf fahren, haben deshalb auch an einigen Punkten noch einen Halt eingelegt. Bilder wurden gemacht und nebenbei auch das Treiben auf den Plätzen und am Hafen beobachtet. Ein Trip in den Nachbarort beendete dann die Tour mit dem Roller. Angekommen bei unserer Villa, waren wir immer noch mit dem Gedanken beseelt, hoffentlich kommt die Biene wieder. Ein Blick auf die Uhr offenbarte, dass wir doch gut 4 h unterwegs waren. Mittagszeit war lange vorbei, an Essen hatten wir noch gar nicht gedacht. Eigentlich war der Plan, zu Mittag Schmorgurken zuzubereiten, die Zutaten hatten wir ja bereits am Vorabend gekauft, übrigens für 1,30 € (3 Gurken, 5 Tomaten). Daher haben wir das Mittagessen auf den Abend verschoben.

Eine ausgedehnte Mittagsruhe haben wir bei der Hitze auf jeden Fall gemacht. Manu ging dann Baden, ich beschäftigte mich mit den Internetseiten. So ging die Zeit stetig voran, es wurde 19.00 Uhr, keiner hatte richtigen Hunger. Irgendwann dann, hatte ich mich entschlossen, das Essen vorzubereiten,

Schmorgurken

    Gurken schälen und schneiden, die Kerne entfernen. Das gleiche mit den Tomaten und auch Paprika kam dazu. Zwiebeln aufschneiden, die Hälfte der Zwiebeln anbraten. Das Ganze dann nacheinander aufgekocht, zuerst die Gurken, als nächstes der Paprika und zum Schluss die Tomaten und die Zwiebeln. Ein kräftiger Schuss Olivenöl und nach den eigenen Vorstellungen gewürzt, fertig ist das leckere Essen.

Unser mobiler Gaskocher verrichtet hier gute Dienste, die Hitze kommt so nicht ins Wohnmobil. Als es fertig war, es war richtig lecker. Übrigens liegen wir mit unserem vorbereiteten Speisen richtig falsch. Dazu später mal mehr!
Die Uhr zeigte nun 21.00 Uhr, Biene war immer noch nicht da. In der Regel kommt die Biene wenn es ruhig wird und es langsam dämmert, zurück. Den ganzen Tag über grübelten wir beide so für uns, was wir tun würden, falls sie nicht kommt, aber keiner sprach es aus. Jetzt wo es doch langsam prekär wurde, sprachen wir darüber und beschlossen notfalls einen Tag zu verlängern. Kaum ausgesprochen, kam die Biene unter dem Wohnmobil hervor, schaute, miauzte und ließ sich einfangen. Hinein ins Wohnmobil, fauchte unsere Liese die Biene an. Ihr war scheinbar klar, dass am heutigen Abend kein Ausgang mehr möglich war. Tja, das sind die Höhen und Tiefen des Katzenlebens.
Uns ging es danach viel besser, wir gingen dann zum Abschluss des Tages nochmals ins Dorf, wo wir die griechische Herzlichkeit wieder erlebt hatten. In der Taverne, wo wir am Vortag die Pizza zu uns nahmen, tranken wir noch einen Absacker mit einem kleinen Imbiss. Die Wirtin erkannte uns, freundlich wie am Vortag bewirtete sie uns. Durch die griechische Begrüßung wurde der Nachbartisch auf uns aufmerksam. Die beiden Herren begann sogleich ein Gespräch mit uns. Das waren alte Griechen (>70 Jahre), die sich mit uns über alles Mögliche unterhielten. Im Laufe des Gesprächs erzählte er uns, dass die Deutschen als Touristen sehr fehlen. Er beschimpfte die griechischen Politiker und vor allem die Medien, dass durch deren Polemik die Touristen nicht kommen. Dem kann ich nur beipflichten, was teilweise durch die Medien für Blödsinn geredet und berichtet wird, spottet jeder Beschreibung. Deswegen haben wir keine Antipathie gegen uns Deutsche erlebt. Es war einfach nur willkommene Herzlichkeit, die wir jeden Tag erleben dürfen. Dafür fahren wir immer wieder gerne in dieses herrliche Land. Dies war nun der 2. Ort unserer Reise. Bisher kannten wir diese Gegend gar nicht, aber auch dies ist ein Teil, der eine Reise wert ist. Der Olymp bzw. das Gebirge dazu lädt zum Wandern ein. Nach getaner Wanderung kann man dann ein erfrischendes Bad im Mittelmeer erleben. Irgendwie eine Gegend mit Gegensätzen.

Weiter nach Volos

Am nächsten Morgen der gleiche Ablauf. Frühstück zubereiten und wieder Baden gehen. Wann hat man sonst die Chance, solche Annehmlichkeiten auszunutzen. Das Meer fast vor der Tür, herrliches Wetter und das schon schöne warme Mittelmeer. Um diese Zeit hat man fast den Strand für sich, nur wenige hatten die gleiche Idee.

Trotz Abreise haben wir schön gemütlich, auch mit den Katzen, gefrühstückt und dabei auch alles weitere für den Tag besprochen. Umsetzen bzw. weiter fahren war ja für den heutigen Tag geplant. Zunächst war allerdings gründliches Aufräumen notwendig, es bleiben während der Stellzeit genügend Dinge auch mal liegen. Dabei haben wir unser System, Manu beschäftigt sich mit dem Inneren des WoMo's, während ich alles was Außen ist erledige. Als sehr sinnvoll haben sich die Matten erwiesen, die wir vor die Villa auslegen. Beim Zusammenräumen habe ich allerdings bemerkt, dass der ganze Staub daran haften bleibt. Ok, damit müssen wir leben. Dafür bleibt der Dreck an der Matte und ist nicht im Wohnmobil. Die Matten konnte ich gut säubern, der nahe Sanitärtrakt bot dazu alle Möglichkeiten.

Nachdem auch das alles bewältigt war, ging es los. Bezahlen, Navi einstellen, ab ging es auf die Piste. Zunächst weiter auf der Landstraße, aber teilweise durch landschaftlich wunderschöne Strecken.

Am Gebirgsfluss Peneios machten wir dann auch eine Pause, um diese landschaftlich eindrucksvolle Gegend zu besichtigen. Vom Parkplatz führte ein steiler Weg nach unten zum Fluss. Über eine Brücke gelangten wir auf die andere Uferseite. Direkt am Ausgang der Brücke befindet sich ein gepflegtes Areal. Auf diesem sind verschiedene Bauwerke, teils in den Felsen hinein gebaut, die auf eine Kirche hindeuten. Zunächst sind wir dort vorbei, ein Lautsprecher tönte durch das ansonsten ruhige Tal. Der Lautsprecher entpuppte sich als ein Restaurant, das um Kundschaft warb. Am Fluss noch zahlreiche Aufnahmen gemacht, ein wenig das angenehme Klima in dem schattigen Tal genossen und wir gingen zurück. Jetzt besichtigten wir die Felsenkirche "Agia Paraskevi" und die Höhle mit einem Ursprung einer Quelle. Diese Quelle ist eine richtige Pilgerstätte. Zahlreiche Kerzen deuten darauf hin.

Bei meinen Recherchen im Internet fand ich die folgende Erklärung für diese Pilgerstätte: *"Apollon soll sich von seiner Schuld rein gewaschen haben, die er durch die Tötung der herrschenden Python auf sich geladen hat."*

Ausflugs Tipp:			
Ort/Bezeichnung	**GPS Daten**	**Nord/Süd Daten**	
Felsenkirche „Agia Paraskevi" und Fluß Peneios	39.879214 22.586859	N39° 52' 45.17" E22° 35' 12.692"	

Die Pause währte nicht lange, am Ende des Tals ging es wieder auf die Autobahn. Erwähnenswert, sind nur die Mautstationen, die in relativ kurzen Abständen, eine Menge Geld verlangen. Ein System wie die Berechnung der Maut erfolgt habe ich nicht erkannt.
Dann kam schon die Ausschilderung in Richtung Volos, jetzt war es nicht mehr weit. Bevor wir allerdings den ausgesuchten Campingplatz anfuhren, wollten wir uns Infos über die Fährzeiten und -preise einholen. Ursprünglich lag ja die Besichtigung der Inseln Skiathos und Skopelos an, wo der Film MAMA MIA gedreht wurde. Ein Parkplatz war trotz der Größe des Fahrzeugs schnell gefunden. Nun suchten wir nach Infos. Ich sah 2 Kassenhäuschen, an denen Ich Infos bekam. Die Fährpreise allerdings waren jenseits von Gut und Böse! 250 € wären das Minimum gewesen, was uns dieser Ausflug gekostet hätte. Da habe selbst ich, das für mich sein gelassen. Manu war froh, so konnten wir weiter zum ausgesuchten Stellplatz fahren.
Nun noch die letzten Kilometer bis zum Campingplatz Sikia, was sich allerdings hinzog. Dafür war allerdings der Platz eine wahre Augenweide. Weitläufig und Terrassenförmig angelegt, gibt es eine Menge Möglichkeiten, einen Stellplatz zu finden. Eine nette Angestellte begleitete uns und zeigte verschiedene Möglichkeiten. Eine gefiel uns sehr gut, Blick aufs Meer, geringer Abstand zum Strand, was wollten wir mehr. Die Realisierung allerdings war schier nicht möglich, zu eng, zu viele Bäume usw. Also zurück und was Neues suchen. Manu hatte dann gleich die rettende Idee, gleich am Beginn des Weges war etwas geeignetes.

Stellplatz Tipp:

Ort/Bezeichnung	GPS Daten	Nord/Süd Daten	
Sikia Camping	39.310290 23.109778	N39° 18' 37.044" E23° 06' 35.201"	

Der Rest lief dann automatisch, da hat jeder seine Handgriffe, die zu erledigen sind. Jalousie ausgefahren, Stühle und Tisch aufgebaut, schon ging der Urlaub weiter. So einen tollen Stellplatz hatten wir noch nie. Blick zum Meer, leider etwas durch die Olivenbäume versperrt, vor dem Wohnmobil war genügend Platz vorhanden. Gut nebenan beim Stellplatznachbarn, war freie Sicht aufs Meer, aber das können wir gut verkraften. Dann mal schnell abkühlen, also baden gehen. 36 Stufen nach unten und wir waren 2m vom Meer entfernt. Einfach toll!

Nach dem Baden haben wir uns in die Villa zur Mittagsruhe zurückgezogen. Das Zwitschern der Vögel in den Olivenbäumen war so gleichmäßig, dass wir beide richtig tief und fest eingeschlafen waren. Na und! Es ist unser Urlaub, offensichtlich brauchen wir das. Das Abendessen haben wir aus unserem Fundus entnommen. Die gefüllten Paprikaschoten passten wunderbar mit den Restern des Vortages zusammen, das Essen war übrigens richtig lecker!

Anschließend eine Erkundungstour in den Nachbarort Kala Nera. 1,5 km zu Fuß, zuerst an einer Straße entlang, später direkt am Strand. Grund für den Ausflug war, herauszufinden, wo sich die Mietstation befindet. Wir wollten ja wieder einen Skooter mieten, um die nähere Umgebung zu erkunden.

Tipp Mietstation:

Ort/Bezeichnung	GPS Daten	Nord/Süd Daten
Moto Rent, Kala Nera	39.305841 23.118677	N39° 18' 21.028" E23° 07' 07.237"

Die Station war schnell gefunden, ein weiterer Rundgang durch das Dorf folgte. Zahlreiche Tavernen warben um Gäste, aber alles auf die griechische Art und Weise. Ich schaute mir verschiedene Speisekarten an, als ich eine Taverne mit einem guten Fischangebot fand, reservierten wir für den nächsten Tag Plätze. Auch das ging ohne Probleme, danach zurück zum Wohnmobil. Nun forderten Biene und Liese ihr Recht. Beifahrertür auf, beide sofort raus. Biene hielt sich die ganze Zeit bei uns auf, Liese hingegen nutzte die Treppen, von da ab war sie nicht mehr gesehen ….

Noch ein Mopedausflug

Immer wieder spannend, ich meine die Sache mit unseren Katzen. Ich saß noch lange vor dem Wohnmobil und wartete dabei auf die Liese, habe freilich auch dabei die herrliche Luft und das Rauschen des Meeres genossen. Aber die Liese kam nicht. Ich habe nochmal einen Rundgang in der näheren Umgebung des Wohnmobils gemacht, auch das brachte nichts. Nun gut, bin ich eben zu Bett. Mit gemischten Gefühlen zwar, denn Liese ist eigentlich sehr ängstlich, aber was soll's. Durch die ständige Luftbewegung im Wohnmobil, durch die Lüfter, ist es nachts angenehm kühl. Deshalb konnte ich auch schnell einschlafen. Irgendwann, mitten in der Nacht hörte ich ein Geräusch, mein gewohnter Pfiff und dann miauzte die Liese vor der Villa. So schnell konntet ihr gar nicht schauen, wie schnell Manu unten war und der Liese die Tür öffnete. Nun war alles wieder gut!

Frühmorgens, oder schon etwas später (gegen 9.30 Uhr) erwachten wir und als der Kaffee aufgesetzt war, nahmen wir unser erstes Bad im Meer. Dies können wir richtig ausnutzen, schon am Morgen erfrischen. Das muss einfach sein.

Der Strand war noch herrlich leer und das Wasser topfeben, aber auch mit angenehmen Temperaturen.

Danach nahmen wir unser Frühstück ein, draußen vor der Villa, mit Blick auf das Meer, mehr geht einfach nicht. Die weiteren Dinge für den kommenden Tag, haben wir beim Frühstück besprochen. Manu hat die notwenigen Haushaltsdinge erledigt, während ich nach Kala Nera gelaufen bin, um das Moped auszuleihen. Da es bereits nach 10 Uhr war, dachte ich, es geht ganz schnell. Die Mietstation war noch zu, ran an die Tür, Info gelesen, Fazit: kein Handy dabei. Mist, dachte ich. Irgendwann kam ein Grieche, diesen fragte ich, ob er mal telefonieren könnte. Der hatte kein Handy dabei. Dann kam ein Holländer, der mir auf Englisch erklärte, dass er mit denen bereits telefoniert hatte und nun ebenfalls wartet. Am Telefon sagte ihm die Grieche: in 20 min. Was 20 min in Griechenland bedeuten, spürte ich bereits. Gegen 11 Uhr telefonierte er dann nochmal, da hieß es, das sie in 20 min da sein würden. Das hatte dann auch gestimmt.

Der "schnelle Hirsch"

Das Ausleihen ging schnell über die Bühne, auf Grund meiner Wartezeit konnte ich den Preis nochmal drücken. Nun zurück, da machte Manu schon Anstalten einen Suchtrupp loszuschicken. Alles war wieder gut, wir haben uns angezogen und sind nach Agria in den Lidl gefahren. Da merkte ich dann, was ich ausgeliehen hatte, einen 50ccm Roller, der für 2 Personen, wie wir es sind, völlig unterdimensioniert ist. Die Besorgungen dann zum Wohnmobil gebracht und ohne uns lange aufzuhalten, sind wir zu unserem Ausflug losgefahren. Ich hatte noch immer den Gedanken mit den Inseln Skopelos und Skiathos nicht aufgegeben. In Platania sollen Ausflugsboote zu den Inseln fahren, worüber ich mich zumindest gerne informieren würde. Die Entfernung war mit 40 km nicht all zu weit. Dachte ich! Dass der Weg aber durchs Gebirge führt, wusste ich nicht und wir waren ja prächtig motorisiert. Die ersten 10 km gingen zügig von statten. Dann senkte sich die Geschwindigkeit auf um die 30 km/h. Naja nach der nächsten Kurve geht's wieder, dachte ich. Dass es unzählige Kurven waren, sah ich dann spätestens, als ich Fahrzeuge am Bergende sah, die uns überholt hatten. Nun machten wir uns unseren Spaß daraus, wir fahren Fahrrad mit einem Benzinmotor, denn die Geschwindigkeit war teilweise unter 20 km/h. Als wir unterwegs mehrere Male abgebogen waren, gab ich meinen ursprünglichen

Plan auf und nahm den kürzesten Weg bis an die Küste. Milina hieß der Ort, wo wir dann unseren Ausflug beendeten und von da ab die Rückreise antraten. Unterwegs machte Manu zahlreiche Aufnahmen von schönen Aussichten, wir sind ja ständig in der Nähe der Küste entlang gefahren.

In Milina haben wir dann einen Zwischenstopp eingelegt, welcher mit einem leckeren Mittagessen verbunden war. Manu hatte sich Souvlaki bestellt und ich Spagetti mit Garnelen. Kombiniert mit einem schmackhaften griechischen Salat waren wir rund um gesättigt. Der Hammer war der Preis, mit Wein und 3 Orangensaft haben wir 32 € bezahlt. Nun begann die Rückreise, vor der mir schon wieder graute. Ca. 10 km bergauf fahren, das mit unserem schnellen Hirsch, war schon anspruchsvoll. Aber es ging besser als gedacht, der Weg war diesmal nicht ganz so steil, und als wir dann einmal oben waren, ging es auf der anderen Seite wieder zügig bergab. So verlief der Rückweg doch nicht ganz so, wie zunächst gedacht. Dann kam aber die nächste Pleite, da wir vergessen hatten uns mit Sonnencreme einzureiben, hatten wir beide einen ordentlichen Sonnenbrand. Ich an den Unterarmen, Manu an den Beinen. Wir haben aber genügend Mittel dagegen mitgeführt.

Restaurant Tipp:			
Ort/Bezeichnung	GPS Daten	Nord/Süd Daten	
Fisch Gaststätte Milina	39.171203 23.220247	N39° 10' 16.331" E23° 13' 12.889"	

So waren wir gegen 16.30 Uhr wieder am Wohnmobil, nun erst mal baden und den Staub der Straße abspülen. Etwas Mittagsruhe war auch noch drin, anschließend sind wir nach Kala Nera, das Moped abgeben. Dabei haben wir die Gunst der Stunde genutzt den langen Strand komplett abzufahren. Am Ende des Strandes befand sich eine Segelschule, dort sahen wir zum ersten Mal, das dort Wohnmobile frei stehen. Dies ist sicher auch noch mal eine Option. Der Strand war voller Menschen, meist Griechen. An diesem Wochenende haben die Griechen ihr Pfingstfest gefeiert, das herrliche Wetter trieb freilich alle an den Strand. Nun zurück zur Mietstation, dort erwartete uns bereits der Vermieter. Dieser fragte uns, wo wir waren. Als ich ihm sagte, dass wir in Milina waren, sah ich seinen Gesichtsausdruck. Ungläubig wird der sich wohl gedacht haben, die Deutschen spinnen! Zumindest war sein Gesichtsausdruck so zu verstehen! Für uns war es trotz der Hindernisse ein schöner Ausflug, bei einer weiteren Reise werden wir sicher, allerdings dann mit einem Auto, diese Gegend nochmals bereisen.

Am Ende des schönen Tages genehmigte ich mir eine Dorade, einen Fischtag brauchte ich mal. Die Taverne war nicht weit entfernt, die reservierten Plätze auch vorhanden. Freundlich begrüßte uns der Chef und wies uns die Plätze zu. Auch das hatte geklappt, wir saßen direkt am Ufer. Die Kellner bemühten sich um uns, wie wir es von Deutschland kennen, wurden wir mit einem Ouzo begrüßt. Dachten wir, dies war kein Ouzo, sondern Tsiperou. Gemeinsam mit dem Kellner stießen wir an und erwarteten wenig später das Essen. Die gegrillte Dorade war vom Feinsten. So ist mein Wunsch nach einem leckeren Fischessen auch in Erfüllung gegangen. Wieder einmal waren wir über den Preis erstaunt, gerade mal 28 € hat uns dieses Abendessen gekostet. Nun verstehe ich, weshalb die Tavernen oft so zahlreich besucht sind.

Restaurant Tipp:

Ort/Bezeichnung	GPS Daten	Nord/Süd Daten	
Taverne „Paris"	39.305438	N39° 18' 19.577"	
Kala Nera	23.120249	E23° 07' 12.896"	

Noch vor dem Dunkel werden sind wir zurück zum Stellplatz, wo wir dann den Katzen ihren Auslauf gönnten. Beide erwarteten uns bereits, als die Beifahrertür aufging, waren beide auch schnell außerhalb der Villa. Da die Nachbarn beide sehr tierlieb sind, kamen wir schnell ins Gespräch, später saßen wir mit den Nachbarn zusammen. Dabei erfuhren wir, dass die beiden schon sehr oft in Griechenland unterwegs waren. Im Verlaufe des Gesprächs redeten wir über das herrliche Land, wir konnten ja auch einiges an Erfahrungen beisteuern. Dabei haben wir festgestellt, dass wir verschiedene Ziele beide schon bereist hatten. Chalkidiki, die Insel Thassos und weitere griechische Inseln kannten wir. Wichtig für uns war, dass beide mit Ihren Erfahrungen nicht hinter dem Berg hielten, beide gaben uns wertvolle Tipps, die wir in unsere Reiseplanung aufnahmen. Die Katzen stromerten während dessen immer um uns herum, die Liese begab sich irgendwann freiwillig in unser zu Hause, Biene kam wenig später, so war alles gut! Gegen 23.00 Uhr beendeten wir dann den ereignisreichen Tag, ich saß noch weitere 1,5 h vor der Villa und informierte mich über die weitere Reise und informierte die zu Hause gebliebenen in unserem Reiseblog. So allein zu sitzen, das Rauschen des Meeres zu hören und die laue Luft zu genießen, ist für mich das schönste, gerade hier im Urlaub.

Ein Tag zum Entspannen

Das haben wir bereits bei der Ankunft in Sikia beschlossen, einen 3. Tag zum Ausruhen einzulegen. Schon allein deshalb, weil die nächste Tour an die 400 km betragen wird. Ein weiterer Grund ist, hier in Sikia gefällt es uns ausgesprochen gut. So hatten wir noch genügend Zeit und hier die Gelegenheit mal abzuspannen und auszuruhen. Dies sollte deshalb heute ein freier Tag werden.

So trieb es uns auch erst gegen 9.30 Uhr aus dem Bett, wir hatten ja nix weiter vor. Frühstück, da habe ich schon am frühen Morgen meinen Kocher bemüht, wir haben uns Rühr-Spiegelei gemacht. Übrigens, ist dies ein Rezept vom bekannten Koch Schuhbeck aus München.

Rühr - Spiegelei

Die Pfanne wurde erwärmt, anschließend die Temperatur des Kochers wieder zurück genommen. Dann die Eier aufgeschlagen und in die Pfanne gegeben. Solange warten bis sich eine durchgehende weiße Schicht am Boden bildet, anschließend das Ei verrühren, bis die gewünschte Konsistenz erreicht ist. Würzen nicht vergessen und fertig ist das Rühr-Spiegelei.

Während des Frühstücks kam Manu auf die Idee, unser neu gekauftes Boot auszuprobieren. Warum nicht, das Meer war ruhig und hier „kennt uns keiner", was allerdings nur eine Floskel ist. Doch nach dem Frühstück waren wir beide

plötzlich wieder müde. Manu hat sich nochmal hingelegt. Ich habe ein bisschen was an unserer Seite gemacht, auch noch etwas geruht und anschließend begann ich das Boot aufzubauen. Dabei wurde Manu wieder munter und half bei den letzten Schritten. Gut war, dass wir die elektrische Pumpe dabei hatten. Sonst wäre das ein schwieriges Unterfangen geworden.

Als alles fertig war, sind wir beide mit Boot an den Strand und das Boot zu Wasser gelassen. Alles ok! Dann das einsteigen! Wir sind weiter raus, da der Strand sehr steinig war. Manu zuerst rein, ich wollte hinterher, Fazit das Boot kenterte. Auf ein Neues, diesmal ich zuerst rein, dies nach Manus Methode.

Das klappte, Manu hinterher auch das ging gut. Nun paddelten wir beide los. Eine gemeinsame Richtung einzuschlagen war kompliziert. Je mehr Manu paddelte, desto mehr drehten wir uns im Kreis. Da ich vorgewarnt war, erlöste ich Manu vom Paddeln. Nun ging es ca. 30 min durch die Bucht, mal in die, mal in die andere Richtung. Erstmalig konnten wir jetzt auch die Unterwasserkamera testen. Vorher hatte ich die Fotofunktion eingestellt, während des Rudertörns wollte ich auf Video umschalten. Leider ging das irgendwie schief, aber ein paar brauchbare Aufnahmen wie wir beide Boot fahren sind doch noch raus gekommen. Alles in allem machte diese Bootsfahrt richtig Spaß und die geringe Investition hat sich irgendwie gelohnt.

Mal sehen was daraus weiter wird.

Als ich da so auf dem Meer paddelte, kam mir ein Gedanke aus der Werbung. Wir gehören jetzt auch zu dem Kreis: Mein Boot, Mein Auto, Meine Villa, nur sind irgendwo die letzten beiden Bilder das gleiche Objekt, nämlich unser Wohnmobil! Grinsend sagte ich das Manu und sie erwiderte, das muss mit in den Reiseblog.

Am späten Nachmittag wollten wir erneut mit dem Boot aufs Meer. Vorher haben wir erneut eine ausgedehnte Mittagsruhe gemacht, ich muss sagen so langsam haben wir uns auch an die Wärme hier gewöhnt. Leider kam dann Wind auf, das Meer hatte auf einmal Wellengang. An dieser Stelle haben wir den Nachmittagstörn gecancelt. Schade eigentlich, ich wäre gern nochmal gefahren. Nichts desto trotz empfanden wir dies als eine weitere

Freizeitbeschäftigung mit und um das Wohnmobil. Auch bei unseren Wochenendfahrten können wir dieses Boot mit integrieren.

Mittagessen und sonstiges zur Verpflegung

Für den weiteren Tag stand nun das Mittagessen an. Ausgemacht hatten wir im Vorfeld, dass wir Nudeln mit Tomatensoße zubereiten wollten. Die ist immer ein Verlegenheitsessen, wenn keine Idee oder wenig Zeit vorhanden ist.

Nur, Nudeln mit Tomatensoße, das kann ich auch zu Hause machen, dazu brauche ich nicht nach Griechenland. Während wir da so saßen, bekam ich eine Idee, die ich Manu auch gleich erklärte. Auf dem Zeltplatz gibt es einen kleinen Shop, den wir dann auch schnell aufsuchten. Frisches Gemüse war ausreichend vorhanden, so haben wir 2 rote und grüne Paprikaschoten gekauft, 2 Tomaten, eine Gurke und noch eine halbe Melone. Mein Gedanke war, aus diesen Produkten (ohne Melone) einen Auflauf zu machen. Gesagt getan!

Nudel – Gemüse – Käse Auflauf

Paprikaschoten, Gurken und Tomaten klein geschnitten und vermengt mit Würfeln aus Feta Käse, scharfer Käsecreme und gutem Olivenöl, vorher haben wir ein paar Nudeln gekocht, dazu kam noch ein wenig geschnittener Salami. Oben drauf kam noch geriebener Käse. Das Ganze in unseren neuen Backofen und nach 25 min konnten wir diese leckere Mahlzeit genießen.

Dieser Backofen und der kleine Gaskocher verrichten auch hier wirklich gute Dienste. Übrigens sind wir zum Abendessen auch noch satt davon geworden, es war sehr reichlich.

Mit den mitgeführten eingekochten Essen aus Deutschland haben wir uns vertan, dies ist meist schweres Essen, welches bei der Hitze nicht so gut zu verdauen ist. So zb. haben wir typische deutsche Speisen wie Rouladen, Kassler Braten, Gulasch oder Schweinebraten dabei gehabt. Dies wäre als viel zu schwer gewesen. Einige mitgebrachte Dinge wie gefüllte Paprikaschoten, Würzfleisch, Paprika Gehacktes Pfanne und Soljanka zb. Waren dafür wieder sehr gut. Dies haben wir auch während der Reise genutzt. Im Prinzip ist es nicht unbedingt nötig, derart viele Speisen mit auf diese Reise zu nehmen. Man kann auf vielen Märkten oder teilweise unterwegs am Straßenrand reichlich frisches Gemüse und Obst kaufen. Das Fleischangebot in den zahlreichen Märkten ist ebenfalls völlig ausreichend und nicht viel teurer als bei uns. Deshalb sind wir umgestiegen auf frische Produkte, die schnell zu zubereiten gehen und eben leichter zu verdauen sind. Einige Rezepte habe ich ja schon aufgeführt, weitere Ideen hatte ich im Verlauf der Reise.

Eine neue Etappe

Am Montag nun, haben wir wieder eine neue Etappe begonnen. Ziel war Korinthos, der berühmte Ort, an dem der gleichnamige Kanal Pelepones vom Festland trennt. Wir hatten vor, den Kanal zu besichtigen und wenn möglich eine Ausflugsfahrt mit einem Schiff dort zu machen.

Da an diesem Montag in Griechenland der Pfingstfeiertag stattfand, erwartete ich wenig Verkehr, was sich auch bis in den Großraum Athen bestätigte. Das war die längste Etappe, die wir auf dieser Rundfahrt unternommen haben. Die Wärme im Auto haben wir auch durch den laufenden Standlüfter auch während der Fahrt im Griff. Trotzdem spüren wir die Hitze während der Fahrt schon sehr, auch die Katzen leiden darunter. Ab und an gibt Manu dann mit Pipetten den Katzen Wasser ins Maul. Während der Fahrt sind beide meist bei uns. Biene auf ihrem Platz in der Kuhle und Liese wie immer bei der Mama. Wenn es beiden zu warm wird, verziehen sie sich an möglichst kühlere Plätze im Wohnmobil. Biene liegt dann meist unter dem Tisch und spürt die Luftbewegung des Standlüfters und die Liese verzeiht sich an ihren Platz im Alkoven. So kommen sich beide nicht ins Gehege und sind den ganzen Tag über ruhig.

Die Qualität der Straßen ist sehr unterschiedlich, von Holperstrecken bis perfekt ausgebaute Autobahnen ist alles vorhanden. Das Mautsystem wird immer undurchsichtiger, die Beträge nehmen von Mautstation zu Mautstation ständig zu. Etwa 90 km vor Athen sind wir von der Autobahn abgefahren und quer durchs Land auf die Südseite gefahren. In Elefsina sind wir wieder auf die Autobahn. Das letzte Stück bis Korinthos, ist eine völlig neu gebaute Autobahn. Einige Tunnel entlang des Weges, alle mit modernster Sicherheitsausstattung. Die EU-Mittel werden offensichtlich gut genutzt. Nach gut 5h erreichten wir Korinthos, das erste Mal überfuhren wir den Kanal und nun begann die Suche nach dem Campingplatz. Zuvor noch ein kurzer Abstecher nach Korinth, welches zu diesem Zeitpunkt und wegen dem Pfingstfeiertag völlig ausgestorben war.

Stellplatz Tipp:

Ort/Bezeichnung	GPS Daten	Nord/Süd Daten	
Campingplatz „Blue Dolphin"	37.934564 22.865086	N37° 56' 04.430" E22° 51' 54.310"	

Den besuchten Campingplatz hatten wir bereits vorher im ADAC Reiseführer ausgesucht, auch einen richtigen Wohnmobilstellplatz gab es in der Nähe. Der reine Wohnmobilstellplatz erwies sich als Flop, direkt neben der Autobahn, wenig Schatten, da sind wir schnell wieder umgekehrt. Also doch auf den Campingplatz, aber auch der war zunächst nicht in unserem Sinne. Die Rezeption war unbesetzt, das leere, weiträumige Gelände lud nicht zum Verweilen ein. Manu sah unterwegs noch ein Camperschild, also wieder zurück.

Dieses entpuppte sich aber als der zuerst aufgesuchte Wohnmobilstellplatz. Also wieder Retour, nun war der Platz auch geöffnet. Freundlich wurden wir eingewiesen, sogar in deutscher Sprache. Auf Grund unserer Höhe vom Wohnmobil wurden wir direkt an den Strand gelotst, siehe da, es standen noch weitere Wohnmobile da. Ein Platz war schnell gefunden und alles Notwendige eingerichtet. Wieder auf dem zweiten Blick waren wir mit dem Platz einverstanden.

Nun erst mal umsehen, mit den Schweizer Nachbarn einen kurzen Smalltalk geführt und anschließend eine kurze "Mittagsruhe" gemacht. Mittagsruhe war gut gemeint, denn es war bereits gegen 16.30 Uhr.

Restaurant Tipp:

Ort/Bezeichnung	GPS Daten	Nord/Süd Daten	
Fisch Taverne	37.936056	N37° 56' 09.802"	
Lecheo	22.861368	E22° 51' 40.925"	

Dann anschließend sind wir ins benachbarte Dorf, wir suchten eine Möglichkeit dort zu Abend zu essen. Der Weg führte uns am Ufer entlang, gleich am Anfang gab es mehrere Restaurants. In einem sahen wir viele Griechen sitzen, da wo die Griechen sind, ist es gut. Also wir dort rein, wir müssen sagen, es hatte sich gelohnt. Es entpuppte sich als eine Fischgaststätte, der Wirt konnte außer griechisch keine weitere Sprache. Trotzdem bekamen wir unsere Wünsche umgehend erfüllt. Die bestellten Speisen kamen schnell und schmeckten wirklich sehr lecker. Wir haben unsere Wahl auf keinen Fall bereut. Während wir in der Taverne saßen, konnten wir einen herrlichen

Sonnenuntergang erleben. Jetzt da wir im Süden sind, sind die Sonnenuntergänge besser zu sehen, als vorher. Zurück zum Campingplatz, der Tag war anstrengend genug. Die Katzen durften an die frische Luft. Da es sehr stürmisch war, machte ich mir so meine Sorgen. Aber die beiden verließen unser Umfeld nicht, im Gegenteil damit war eine Unterhaltung mit den italienischen Nachbarn losgelöst. Wir Männer unterhielten uns in Englisch, während Manu und dessen Frau sich mit Händen und Füßen verständigten. Was beide nicht verstanden, mussten die Männer übersetzen. So verging auch dieser Abend in angenehmer Atmosphäre. Liese ging mit Manu zu Bett, während die Biene während der Nacht ohne nennenswerte Probleme auch in die Villa kam. Es wird doch!

Der Ausflugstag – Stress im Urlaub

Ein neuer Morgen begann, wir hörten die ganze Nacht über das Rauschen des Meeres. Klar, wenn man keine 10m vom Ufer des Mittelmeeres steht und eine mächtige Dünung vorhanden ist, sind diese Geräusche durchaus normal. Aber das sind wir ja auch von unseren Kreuzfahrten gewohnt. Offensichtlich störten diese Geräusche die Liese sehr, denn diese beschäftigte uns die ganze Nacht über, immer wieder miauzte sie am Alkovenfenster. Zunächst konnten wir dies aber nicht einordnen, irgendwann gab sie Ruhe und so schliefen wir weiter. Gegen 7.30 Uhr rumorte es bei den Nachbarn, sie begannen ihre Vorbereitungen für das Abrüsten. So sind wir dann auch aufgestanden, die üblichen Tätigkeiten wurden durchgeführt. Während wir da so saßen und unser Frühstück einnahmen, kamen die beiden Italiener und verabschiedeten sich. Ihre Reise ging in Richtung Piräus, dort begannen die beiden eine Kykladen Rundfahrt. Auch was Interessantes! So waren wir dann alleine auf dem Stellplatz, hatten ja keine Eile. Denn unser nächstes Ziel war von hier nur etwa 90 km entfernt.

Vorher wollten wir den Versuch unternehmen, den Kanal von Korinth zu besichtigen. Nachdem wir alles fertig hatten ging's los, nach etwa 15 min errichten wir einen Parkplatz mit einer Menge Menschen- und Busauflauf. Da dachte ich mir, das muss es sein. Parkplatz gesucht und die wenigen Schritte

Tipp Sehenswertes:

Ort/Bezeichnung	GPS Daten	Nord/Süd Daten	
Kanal von Korinth Brücke	37.926330 22.994079	N37° 55' 34.788" E22° 59' 38.684"	
Parkplatz Isthmos	37.916557 23.007970	N37° 54' 59.605" E23° 00' 28.692"	

zur Brücke und siehe da, wir standen über dem Kanal von Korinth. Manu's Traum war in Erfüllung gegangen. Wir hielten uns dann so für 15 min an der Brücke auf, hatten die Hoffnung, dass eventuell noch ein Schiff durch den Kanal kommt. Aber nichts passierte und so entschlossen wir uns dann, weiter zu fahren.

Beim zurück laufen zum Auto, sah ich ein Hinweiszeichen nach Isthmos, wo sich der ostwärtige Eingang zum Kanal befindet. Da sagte ich zu Manu, wir fahren runter zum Kanal. Alles gleich gefunden, so waren wir am Ufer des Kanals. Dort wieder ein wenig umgesehen, ein paar Fotos gemacht und wir liefen ein wenig herum. An einer Kaimauer lag ein Ausflugsschiff. Dort waren einige Leute an Bord, frech und gottesfürchtig wie ich nun mal bin, fragte ich nach ob dies eine Rundfahrt durch den Kanal wäre. Der Kapitän wurde heran geholt und er erklärte mir, dass dies eine Rundfahrt für eine Gruppe sei, wir aber für den Preis von 21 € mitfahren könnten. Es dauerte allerdings noch ca. 1h. Ohne groß zu überlegen, sagte ich gleich zu. Als ich zurückging wurde ich von einem jungen Mann angesprochen, was dort stattfinden würde, nach meinen Erläuterungen organisierte er für seine Familie ebenfalls ein Mitfahren.

Da wir das WoMo an einer unübersichtlichen Stelle abgestellt hatten, bin ich dort hin gelaufen um es an einer günstigeren Gelegenheit zu parken. Die wenigen Meter gelaufen, dann sah ich, dass ein kleiner Junge abseits stand. Der redete halblaut etwas auf Griechisch und plötzlich sprang ein etwas älterer Jugendlicher vor der Villa hervor. Beide rannten weg, da war mir einiges klar. Das Fenster und die Tür waren schon geöffnet, aber scheinbar bin ich noch rechtzeitig gekommen. Nix fehlte, bis auf den Schreck war alles OK! Schuld waren wir allerdings selbst, wegen der Katzen haben wir das Fenster einen kleinen Spalt offen gelassen, dies hat der Junge ausgenutzt. Ich sag mal so, ein Dämpfer zur rechten Zeit! Von nun an, wurde die Villa immer akribisch abgeschlossen. Lieber das Dachfenster aufmachen, als jemandem so den Eintritt zu gewähren.

Wir verbrachten die restliche Zeit im Wohnmobil. Als der Bus kam sind wir mit an Bord gegangen. Die Reisegesellschaft war übrigens von einem Kreuzfahrtschiff, welches in Piräus vor Anker lag. Das haben wir am Ende des

Ausfluges dann bemerkt. Das Schiff dreht, nahm noch einen Holländer mit. Dieser fuhr durch den Kanal vor uns her. Irgendwie ist das ein erhebendes Gefühl, wir wissen, dass viele mit kleinen Kreuzfahrtschiffen durch den Kanal

gefahren sind. Meist nachts, denn da wird die Wirkung des Kanals nochmals verstärkt. Auch für uns war das trotz der Tagesfahrt ein ganz tolles Erlebnis. Am Ende des Kanals dreht das Schiff und der Weg ging zurück. So hatten wir die Gelegenheit, zahlreiche Aufnahmen vom Kanal und dem ganzen Drum und Dran zu bekommen. Bei der Rückfahrt befand sich die Reisegesellschaft unter Deck, für diese wurde ein Imbiss bereitgestellt. Alles in allem dauerte dies bis etwa 13 Uhr. Wieder zurück zum Wohnmobil, Manu bemühte gleich das Internet und suchte den Preis der Kreuzfahrtgesellschaft für diesen Ausflug. Bei Royal Caribbean kostete dieser Ausflug 65 €, da waren wir wieder zufrieden, dass wir dies so hinbekommen haben.

Anschließend haben wir dann den nächsten Abschnitt unter die Räder genommen. die wenigen Kilometer spulten wir auch zügig ab. Diakopto wurde rechtzeitig angekündigt. Schon da waren ebenfalls Hinweisschilder zu sehen, die auf die Zahnradbahn hinwiesen. Wir dann rein in den Ort, stießen direkt auf den Bahnhof. Also, gleich wieder die Infos für den nächsten Ausflug holen. Dort suchte ich einen Platz zum Parken. Manu blieb solange im Mobil, ich also hin zum Bahnhof.

Tipp Sehenswertes:

Ort/Bezeichnung	GPS Daten	Nord/Süd Daten
Bahnhof Diakopto Historische Bahn	38.191813 22.197792	N38° 11' 30.527" E22° 11' 52.051"

Frühmorgens gegen 11 Uhr fuhr eine Bahn, die wäre genau die Richtige, dachte ich mir. Ich wollte gerade zurück zum Wohnmobil, da lief der Zug gerade in den Bahnhof ein. Spontan wie ich nun mal bin, entschied ich alles um. Ich hin zur Villa, Manu gefragt und los ging es. 10 min später saßen wir im klimatisierten, fahrenden Zug in Richtung Kalavrita. Diese Tour sollte man unbedingt mitmachen, wenn man sich hier in der Umgebung befindet. Es ist einfach nur toll, wir haben versucht, mit zahlreichen Bildern diesen Eindruck einzufangen. Scheinbar war das dem Lokführer nicht ganz so recht, unterwegs hielt er und wir durften von nun ab keine Fenster mehr öffnen. Ich weiß nicht, ob es an der Klimaanlage lag oder an der engen Strecke. Teilweise ist die so eng, dass man sich an Felsen oder Bäumen verletzen könnte. Die Bahn fährt auf einem teilweise sehr steilen Weg durch das Gebirgstal nach Kalavrita. Es ist eine Schmalspurbahn, die auf den steilsten Stücken mit Zahnradbetrieb arbeitet. Die maximale Steigung beträgt 14%, man spürt wie steil das aufwärts geht. Ursprünglich sollte diese noch weiter gebaut werden, was allerdings aus Kostengründen nicht durchgeführt wurde. Im Jahre 2009 wurde alles modernisiert, seitdem fahren neue Züge und haben die Dampfloktechnik abgelöst.

Unterwegs mit der Zahnradbahn von Diakopto nach Kalavrita

Stellplatz Tipp:

Ort/Bezeichnung	GPS Daten	Nord/Süd Daten
Freier Stellplatz Diakopto	38.201889 22.193664	N38° 12' 06.800" E22° 11' 37.190"

Stellplatz Diakopto

Nachdem wir gegen 17 Uhr wieder in Diakopto ankamen, suchten wir dann den Stellplatz. Nach einmal Nachfragen in einer Bar am Strand standen wir 5 min später an einem wirklich einsamen Strand. Zusammen mit 3 weiteren Wohnmobilen sollte dies der Übernachtungsplatz für diesen Tag sein. 2 Holländer und 1 weiterer Deutscher. Wir bauten uns auf, 5 min später kamen unsere Sitznachbarn aus dem Zug und gingen in das deutsche Wohnmobil. Nun machten wir uns erst mal bekannt, klönten und saßen gemeinsam am Wohnmobil. Der Wind war weiterhin sehr stark und auch kühl, was wir allerdings als nicht negativ empfanden. So konnten wir nicht allzu lange draußen sitzen. Nachdem wir uns etwas ausgeruht hatten, sind wir zu Fuß in Richtung Diakopto gegangen.

Das erste Mal durch ein fremdes Dorf, vom Ortsrand bis ins Zentrum, auch die Griechen haben mittlerweile schöne Wohngegenden. Die Häuser und das Umfeld sehr gepflegt, dies fiel uns an dieser Stelle richtig auf. Unser Abendessen nahmen wir in einer Taverne zu uns, was allerdings das bisher schlechteste war. Belassen wir es dabei. Was wir noch bemerkten, es gibt offensichtlich zahlreiche Möglichkeiten frei zu stehen. Als wir so in der Taverne saßen, bemerkten wir rund um den Hafen einige Wohnmobile. Dies ist auf jeden Fall eine Option, allerdings muss ich Manu davon noch überzeugen. Nach dem Abendessen sind wir am Strand zur Villa zurück gelaufen, haben es uns in der Villa bequem gemacht und zum ersten Mal nach fast 14 Tagen den Fernseher in Betrieb genommen. Auch das war mal wichtig, zu sehen, wie das mit der SAT Anlage auch in Griechenland funktioniert. Wieder was gelernt! Den Katzen gewährten wir keinen Ausgang, der starke Sturm und die nahe Küste hielten uns davon zurück. Bemerkt haben wir jedoch, dass wenn wir im Wohnmobil sitzen, beide Katzen nicht so unruhig waren. Im Gegenteil, beide suchten unsere Nähe und schmusten die ganze Zeit mit uns. So ging der ereignisreiche Tag zu Ende, die Eindrücke waren schon enorm. Man konnte das Ganze zunächst nicht fassen, erst beim Betrachten der Bilder am nächsten Tag wurde einem vieles wieder klarer. Trotzdem, es war ein überwältigender Tag, voller Sehenswertem und viel Neuem!

Neuer Tag, weiter geht's

Wir haben aus dem Vortag gelernt, das Alkovenfenster blieb diesmal zu. So spürten wir den stürmischen Wind kaum und war es wesentlich ruhiger. Angenehmer Nebeneffekt, die Liese ließ uns schlafen! Ich denke, wenn man so intensiv und auf engstem Raum mit den Tieren zusammen ist, lernt man diese viel besser kennen und verstehen. Überhaupt sind unsere Katzen mittlerweile total lieb, ich denke auch, dass sie diese Fahrt genießen. Dazu später mal mehr.

So erwachten wir am nächsten Morgen, hatten allerdings vergessen, die Außenbeleuchtung auszuschalten. Trotzdem konnten wir uns, durch die 2 Batterien und den Wechselrichter, völlig zum Frühstück versorgen. Kaffee kochen, Brötchen aufbacken, all das hat wunderbar geklappt. Als wir fertig waren mit dem Frühstück, waren wir nur noch alleine. Die deutschen Nachbarn verabschiedeten sich noch von uns, und so standen wir allein am Strand. Manu nutzte das nach dem Frühstück aus und ging an dem weitläufigen Strand und trotz der starken Dünung nochmal Baden.

In aller Ruhe, bereiteten wir das WoMo für die nächste Etappe vor. Ganz so warm war es mittlerweile nicht mehr, sicher der starke Wind hat ganz schön abgekühlt. Trotzdem erreichten wir am Ende des Tages immer noch die 30 Grad. Die letzten 3 Etappen in Griechenland standen an. Preveza, war der nächste Ort den wir uns ausgesucht hatten. Gegen 10.45 Uhr sind wir los gekommen. Zunächst führte der Weg auf Landstraßen durch das Land. So konnten wir noch einen Lidl besuchen und uns mit den wichtigsten Dingen wieder eindecken.

Anschließend ging es auf die Nationalstraße, wo wir wenig später die Umgebung von Patras erreichten. Patras selbst ließen wir links liegen, wir sahen nun die neu gebaute Verbindungsbrücke zwischen Peleponnes und dem Festland. Ein wirklich imposantes Bauwerk, welches natürlich Mautpflichtig ist. Doch, ich denke die 13,20 € sind für dieses Bauwerk gut angelegt. Ob es mit der Fähre preiswerter gewesen wäre, wer weiß? Dann schraubten wir uns das zunächst kommende Gebirge hinauf, bevor es danach wieder in die Ebene ging. Zahlreiche Seen säumten den weiteren Weg, bis wir von der Nationalstraße abbogen und auf Landstraßen weiter fuhren. Vorbei an zahlreichen Baustellen für neue Straßen, wann diese fertig sein werden, steht sicher in den Sternen. Zumindest investiert die EU in diese Projekte, was auf zahlreichen Schildern zu erkennen ist. Irgendwann erreichten wir die Meerenge von Preveza, die den Golf Amvrakikos Volkos einschließt. Es folgte die Unterquerung dieser Meerenge durch einen Tunnel. Klar war dieser wieder mautpflichtig. Für uns war dies das Zeichen, dass wir unseren nächsten Stellplatz fast erreicht haben. Wenige Minuten später, sahen wir das Campingschild und die weitere Beschilderung führte uns direkt hin. Sehr freundlich wurden wir in Empfang genommen, der Platzwart führte uns an die Stellplätze und wies uns dann sogar noch ein, als wir einen geeigneten Platz gefunden hatten. Auf dem Platz ist alles vorhanden, sogar Frischwasseranschlüsse an den Stellplätzen. Mit uns standen noch weitere 8 Wohnmobile auf dem Platz, genügend Platz war aber noch vorhanden. Unser Eindruck, er ist einfach gut, wenige Meter bis zum Meer, schattige Stellplätze und freundliches Personal. Was will man mehr? Diesmal reichte der erste Blick, um den Platz beurteilen zu können.

Preveza

Nachdem wir uns auf dem Campingplatz eingerichtet hatten, haben wir mit Hilfe des Campingplatzpersonals einen hiesigen Lieferservice bemüht, der uns mit etwas Fast Food versorgte. Unsere alltägliche Mittagsruhe folgte. Dies ist mittlerweile ein Ritual bei uns geworden, hat aber auch einen praktischen Nutzen. So entgehen wir der Mittagssonne und führen so auch das Leben, welches die Griechen praktizieren. Anschließend haben wir den Platz nochmal genauer beschnuppert. Das Areal ist völlig mit Bäumen ausgefüllt, trotzdem bietet er Platz für genügend Camper. Es werden auch Appartements vermietet, diese befinden sich ebenfalls auf dem Gelände.

Stellplatz Tipp:

Ort/Bezeichnung	GPS Daten	Nord/Süd Daten	
Camping Kalamitsi	38.973848	N38° 58' 25.853"	
	20.715912	E20° 42' 57.283"	

Im zentralen Gebäude ist alles vorhanden, was benötigt wird. Restaurant, Shop, Sanitärtrakt (Waschsalon, Abwaschstände, Duschen und Toiletten) und das Highlight ist ein feiner Swimming Pool. Diesen haben wir dann auch ausprobiert.

Camping Kalamitsi

Da wir nochmal nach Preveza rein wollten, haben wir das Abendessen etwas vorgezogen. Dies haben wir aus den Reserven von zu Hause zubereitet. Steaks und Grillkäse mit griechischem Salat. Irgendwas Griechisches muss ja dabei sein.
Anschließend ging es nach Preveza. Wir machten uns auf die Socken und liefen die Zufahrt zum Campingplatz entlang. Uns überholte ein Taxi, welches wir

gleich anhielten. Meistens frage ich die Taxifahrer/in nach regionalen Besonderheiten, so auch diesmal. Die Fahrerin gab uns einige Infos, die wir in unseren Aufenthalt mit einbauen konnten. Gut, dass wir mit dem Taxi fahren konnten, denn wir hätten sonst ca. 5 km laufen müssen. Es ist Urlaub und kein Stress, sagten wir uns.

Tipp Sehenswertes:			
Ort/Bezeichnung	GPS Daten	Nord/Süd Daten	
Taxi Platz Preveza	38.959000	N38° 57' 32.400"	
	20.754224	E20° 45' 15.206"	

Preveza am Abend

In Preveza angekommen spürten wir wieder dieses faszinierende griechische Flair. Die Straßen waren voller Menschen, alle Shops waren geöffnet, die Tavernen und Restaurants waren voll und aus jedem tönte andere Musik. So schlenderten wir durch die engen Gassen und später am Hafen entlang. Hier lagen zahlreiche Segelyachten aus den verschiedensten Nationen, nun war uns auch klar weshalb einige Shops sehr hochpreisige Artikel anboten. So schritt die Zeit voran, wir begaben uns auf den Rückweg, klar wieder mit dem Taxi. Vor der Villa beendeten wir diesen Tag gemütlich.

Preveza – der nächste Tag

Lange schlafen war nicht, vor unserem Mobil standen Schweden mit 4 Kindern! Das im Wohnmobil, da haben wir Respekt. Allerdings waren die 2 kleinsten noch im Kleinkindalter, dementsprechend geräuschvoll ging es bei denen zu. Naja, wir hatten ja auch mal kleine Kinder, zumindest sagen wir uns das, wenn so etwas in unserer Nähe stattfindet. So sind wir bereits gegen 8 Uhr aufgestanden, haben unser Frühstück gemacht und besprachen die Dinge für den laufenden Tag.

Frühmorgens sind die Katzen derart aktiv, bis die beiden Ihr Frühstück bekommen. Nun kristallisierte sich aber heraus, dass die beiden auch ihr tägliches Leckerlie erwarten. Das sieht so aus, wenn wir beide beim Frühstück vor der Villa sitzen, rennen die beiden am Fenster über uns auf und ab. Bis , ja bis der Papa aufsteht und irgendwas Leckeres für die beiden zubereitet. Heute war dies eine Scheibe Jagdwurst und eingekochtes Gehacktes. Dies tut den beiden bei der Wärme recht gut, da sie darüber noch zusätzlich Feuchtigkeit zu sich nehmen. Lautstark begleiten die beiden die Vorbereitungen, stürzen sich anschließend auf das Vorbereitete und schnurrend ziehen sie sich zurück und von nun an schlafen die Katzen.

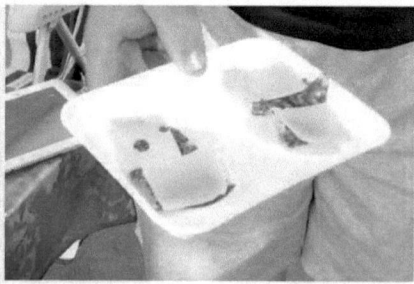

Doch zurück zum weiteren Tag. Das, was wir am Vorabend uns schon angesehen hatten, wollten wir auch am Tag nochmal in aller Ruhe sehen. Wie kommen wir nach Preveza, wir haben doch die Räder dabei. Schnell waren die Räder vorbereitet, die Seitentaschen gepackt und los ging es. So hatten wir keinen Zeitdruck und konnten in aller Ruhe diesen Ort nochmal erobern. Praktische Dinge haben wir auch gleich mit erledigt, die Lederbörse wurde wieder aufgefüllt, Wäscheleine und Wäscheklammern und andere Dinge mussten gekauft werden. Bei so einem längerem Aufenthalt merkt man, was bisher fehlt, nun können wir sagen, so langsam aber sicher haben wir ein voll ausgerüstetes Wohnmobil.

In den vielen engen Gassen, sind schöne Tavernen und Restaurants angelegt. In einer davon wurden wir sehr freundlich hinein gebeten. Wir bestellten ein Mythos, unser Standardgetränk. Die Frage von Anastasiou, dem Besitzer der Taverne, wollt ihr griechisches Bier? Ja, das wollten wir! Dann müsst ihr auch welches trinken. Er brachte „Fix", Fazit wir bleiben bei Mythos. In der Taverne haben wir zu Mittag gegessen, denn die Zeit war schon recht weit voran geschritten. Wieder auf die Räder und zurück zum Campingplatz. Unterwegs haben wir bei einem fliegenden Händler Gemüse für das Abendessen mitgenommen. Das hatten wir beim Frühstück schon so besprochen.

Mittagsruhe, die schön ausgedehnt wurde und dann ab in den Pool, so verging der weitere Nachmittag.

Dann ließen wir die Katzen wieder stromern, beide nutzten das auch aus. Diesmal warteten wir nicht erst die Abenddämmerung ab, schon am frühen Abend durften die beiden raus.

Auf dem Campingplatz in Platamon, Sikia und auch hier in Preveza, hatten wir mit ganz anderen Problemen noch zu kämpfen. Überall Ameisen, so viele auf einen Haufen habe ich bisher selten gesehen. Die waren überall, zuerst nur am Boden später sahen wir eine Ameisenstraße direkt auf unserem Wohnmobil. Da haben wir zu Hause noch richtig Nacharbeit!

Gegen 19 Uhr begannen wir mit den Vorbereitungen für das Abendessen. Es sollte Spagetti mit frischem Gemüse geben.

Spaghetti mit frischem Gemüse

Also ran, Spagetti gekocht, während dessen Tomaten, Paprika, Zwiebeln und Knoblauch geschält und geschnitten, diese angebraten mit den Spagetti und reichlich Olivenöl nochmal aufgekocht. Nach Bedarf würzen und abschmecken, fertig ist ein leckeres und leichtes Essen.

Das Rezept ist etwas abgewandelt, in Anlehnung von Spaghetti al Olio habe ich dies kreiert. Schnell, schmackhaft und wir wurden satt! Allerdings hatte ich bei der Mengenwahl so meine Probleme. Wir hätten den gesamten Campingplatz damit versorgen können, nun gut, so war das Essen für den nächsten Tag auch gesichert. Übrigens schmeckt dazu der griechische Streukäse Kefalotiri ausgezeichnet. Dieser ist leicht salzig und hat dadurch einen sehr kräftigen Geschmack.

So saßen wir beide vor der Villa, klönten vor uns hin und sahen den orange roten Himmel. Da war mir klar, es geht auf den Sonnenuntergang zu. Also auf, Fotoapparate geschnappt und runter an den Strand. Uns faszinieren solche Sonnenuntergänge, wem eigentlich nicht? Manu kam auf die Idee, die Fotomotive zu variieren, so haben wir dabei ein bisschen gespielt. Ich denke, dabei sind einige gute Aufnahmen heraus gekommen. Ich denke, das ist Urlaubsfeeling pur. Oft werden gerade diese Portraits vom Urlaub gezeigt. Das warme Licht zaubert eben wunderschöne Licht-stimmungen. Allerdings ist die Arbeit nach dem Urlaub, um die Fotos zu bearbeiten, auch nicht gering. Aber, wer das eine will, muss das andere mögen!

Als Vorteil erwies sich nun, dass die Katzen so früh raus durften. Beide waren wieder im Wohnmobil und wir konnten nochmal nach Preveza reinfahren. Also zunächst zur Rezeption, die Chefin rief mehrere Taxis an. Keine Reaktion, kurz entschlossen brachte Sie uns mit Ihrem Auto in die Stadt. Dabei sah ich, dass die beiden aus Italien stammen. Nun war mir klar, weshalb so viele Italiener hier Station machen. In Preveza erlebten wir erneut das Flair,

welches wir beide so gern mögen. Die Straßen waren genauso voll, wie die vielen Tavernen und Restaurants. Alle Shops waren geöffnet, man konnte ungestört stöbern und aussuchen. Am Ende des Abends landeten wir wieder in Anastasiou's Taverne, ein Bier und ein Rotwein, damit beendeten wir den Abend und Aufenthalt in Preveza. Zurück mit dem Taxi, alsbald begaben wir uns zu Bett.

Etwas Kultur, anschließend Rundfahrt

Heute war es ruhig auf dem Platz. Dies merkten wir beim Blick auf die Uhr sofort, es war bereits 8.45 Uhr als wir munter wurden. Na und! Wir haben Urlaub, lassen uns nicht hetzen, sondern treiben. Alles ganz gemütlich und doch mit Plan. Denn, in der Nähe des Campingplatzes befindet sich eine historische Ausgrabungsstätte. Nikopolis, heißt dieser Ort. Da die Entfernung bis zu diesem Ort ungefähr 5 km beträgt, haben wir wieder als Verkehrsmittel unsere Fahrräder gewählt. Zunächst ging es entlang der Nationalstraße E55, nach 4 km bogen wir direkt zur Ausgrabungsstätte ab und nach weiteren 2 km erreichten wir diese.

Tipp Sehenswertes:			
Ort/Bezeichnung	GPS Daten	Nord/Süd Daten	
Ausgrabungsstätte Nikopoli	39.009680 20.734416	N39° 00' 34.848" E20° 44' 03.898"	

Ausgrabungsstätte Nikopoli

Nikopolis ist eine alte antike Stadt, welche 31 vor Christus durch den späteren Kaiser Augustus gegründet wurde. Durch zahlreiche Privilegien und die günstige

Lage am Ambrakischen Golf wuchs die Stadt in Ihrer Blütezeit bis auf 320000 Einwohner. Durch verschiedene Einflüsse und Kriege wurde die Stadt im 11. Jahrhundert zerstört und im 12. Jahrhundert aufgegeben. Der Mittelpunkt verlagerte sich von da ab nach Preveza.

Interessant anzusehen ist dies schon, vor allem wenn man bedenkt, dass diese Bauwerke schon einige Jahre auf dem Buckel haben. Welche Leistung die Erbauer erbrachten, davon will ich gar nicht reden. Die Ausgrabungen begannen Anfang des 20. Jahrhunderts, noch heute sind Ausgrabungstätigkeiten zu sehen.

Für diesen kurzen Abstecher benötigten wir alles in allem ca. 2h. Nun zügig zurück zum Campingplatz, bevor die Rezeption schließt. Angekommen, immer noch pünktlich, haben wir die Bezahlung vorgenommen. Die Chefin erkundigte sich, ob und wie es uns gefallen hat. Voll des Lobes, das war auch ehrlich gemeint, verabschiedeten wir uns von Ihr. Dort werden wir sicher, bei einer weiteren Tour, noch einmal aufschlagen.

Nun hieß es zusammenpacken, Wasser auffüllen, Entsorgen, was zu entsorgen war und nach ca. 30 min waren wir unterwegs. Die nächste Etappe war ja von der Entfernung gesehen sehr relaxed. So hatten wir uns noch eine weitere Besichtigung vorgenommen, was allerdings nicht so recht geklappt hat.

Ziel war die Pilgerstätte Zalongo. Das Monument der „Tanzenden Frauen", welches auf ein historisches Ereignis von 1821 zurückzuführen ist, war das Ziel. Wir haben keinen Weg dorthin gefunden und eine Ausschilderung war ebenfalls nicht vorhanden. Gut, dann eben beim nächsten Mal!

Unterwegs gab es teilweise phantastische Aussichten und Landschaften. Manu hat versucht, dass mit dem Fotoapparat einzufangen, was allerdings auf Grund der Katzenbetreuung und des Navigierens nicht so recht gelang. So mussten wir die Eindrücke für uns speichern, was aber bei der Vielzahl der Eindrücke, während der gesamten Reise kompliziert genug ist. Nach ca. 60 min haben wir dann die Abzweigung in Richtung Parga erreicht, jetzt waren es nur noch 6 km bis zum Campingplatz. Den Weg zum Campingplatz gleich gefunden. Dieser führte allerdings in mehreren Serpentinen hinab, ich schätze wir haben einen

Höhenunterschied von mind. 300 m bewältigt. Angekommen, kam sogleich das Personal und zeigte uns einige mögliche Plätze. Den, der direkt am Strand war, haben wir für uns eingenommen. Nette Nachbarn, rechts von uns Engländer, links von uns Holländer, schräg gegenüber Deutsche. Also alles vertreten. Zunächst haben wir uns umgesehen, meine Frage an der Rezeption beim Einchecken, wie weit es bis Parga ist, konnte ich mir beim Anblick des vor uns liegenden Berges für mich, mit zu weit beantworten. Aber auf dem Platz ist alles vorhanden, neben einer guten Taverne, ist auch ein sehr gut sortierter Shop vorhanden.

Stellplatz Tipp:

Ort/Bezeichnung	GPS Daten	Nord/Süd Daten
Camping Lichinos	39.281405	N39° 16' 53.058"
	20.434543	E20° 26' 04.355"

Baden wollten wir ebenfalls, aber irgendwie war das Wasser hier sehr kalt. So beließen wir es bei dem Versuch, setzten uns ans Wohnmobil und ließen uns einfach treiben. Das Essen vom Vortag streckten wir nochmals mit Gemüse und so hatten wir ein schnelles Abendessen. Nun war ich gespannt auf Parga, von diesem Ort hatten wir während der Reise viel Gutes gehört.

Das muss dann was Besonderes sein. Taxi organisiert und etwa 15 min später waren wir mitten in der quirligen Stadt.

Wieder zurück, saßen wir mit den beiden Deutschen, noch bis tief in die Nacht und fanden dabei immer wieder neue Gesprächsthemen. Gegen 1 Uhr beendete ich dann auch den Tag, Manu war zu dieser Zeit schon in den Träumen. Leider nähert sich unser Griechenlandaufenthalt nun dem Ende …….

Parga – ein Kleinod an der Westküste

Wir lieben solche Städte! Viele haben wir schon davon gesehen, Beispiele sind Marmaris/Türkei, Rhodos/Griechenland, Barcelona/Spanien, Cefalu/Sizilien und sicher noch viele mehr. Städte oder Orte wo sich das Leben abspielt, wo man niemals Ruhe erwartet, wo in den vielen kleinen Gassen, Geschäfte, Shops, Cafés, Bars und Restaurants sich befinden, so etwas zieht uns an!

Auf Empfehlung der Stellplatznachbarn von Sikia, haben wir Parga auf unseren Tour-Plan mit aufgenommen. Wir müssen den beiden dankend Recht geben, es hat sich gelohnt. Gleich 2x haben wir diesen Ort besucht, zuerst am Abend, als wir auf dem dortigen Stellplatz ankamen und am nächsten Morgen, verbunden mit einer herrlichen Bootsfahrt. Man fragt sich, woher die vielen Menschen kamen, die die Gassen, Shops und Tavernen besucht haben. Es gab keine Taverne, die nicht mindestens zu 2/3 gefüllt war, eher gab es bei den meisten Warteschlangen nach freien Plätzen. Dazwischen sind viele griechische Einwohner, die einfach nur vor Ihrem Haus oder Anwesen sitzen und dem quirligen Treiben zusehen. Genau dieses Flair mögen wir, es entsteht automatisch ein "Gute Laune Gefühl". Wieder hatte ich, ob dieses einmaligen Gefühls, Tränen in den Augen. Auch deshalb wird dieser Ort nicht das letzte Mal durch uns besucht sein, wir kommen gerne wieder!

Es ist schwer dieses Feeling mit Bildern einzufangen, es kann nur ein Versuch sein. Schon deshalb haben wir in Parga und während der Bootsfahrt zahlreiche Bilder geschossen. Diese Bilder sind für uns ein ganz großer Teil Erinnerung. Genießen Sie die folgenden Bilder, wir haben dies für uns gespeichert.

Tipp Sehenswertes:			
Ort/Bezeichnung	GPS Daten	Nord/Süd Daten	
Zentrum Parga	39.285154 20.400964	N39° 17' 6.5540" E20° 24' 3.4700"	

Die letzten Tage in Griechenland

Nun ist das Ende der Rundfahrt heran gekommen. Wir haben die letzten Tage auf dem Campingplatz Lichinos bei Parga zum Ausspannen und Ausruhen genutzt. Dementsprechend ruhig haben wir alles ruhig angehen lassen, spät aufgestanden, lange gefrühstückt und so verlief der ganze Tag. Eigentlich war das genau das Richtige um uns von Griechenland zu verabschieden. Auch den Katzen gönnten wir ihre Freiheit, sie durften an allen 3 Abenden nochmal stromern. Biene hat das am letzten Abend auch leidlich ausgenutzt, ich saß bis gegen 1.30 Uhr vor der Villa und habe versucht, sie zum Reinkommen zu bewegen. Nix passierte, aber irgendwie konnte ich mich doch auf meine Biene verlassen, irgendwann in der Nacht kam sie dann doch rein.

Während der 3 Tage auf dem Campingplatz, haben wir versucht uns wieder an deutsches Essen heranzuführen. So gab es am Samstagabend Würzfleisch und am Sonntagmittag Kohlrouladen. Dies war aus unseren eingekochten Vorräten. Mit den entsprechenden Beilagen, entstand so eine schnelle und schmackhafte Speise. So viel deutsches Essen musste nun doch nicht sein, ohne dass wir uns vom griechischen Essen verabschieden, dass ging einfach nicht. So haben wir Sonntagabend in der Taverne auf dem Campingplatz gegessen, ein letzter Ouzo, das Ende naht.

Am Sonntagmorgen, hatten wir noch ein lustiges Erlebnis, das es wert ist, davon zu berichten. Ich hatte Manu gesagt, sie solle am Sonntag schon Eier für den nächsten Morgen vorkochen. Leider hatten wir beide das vergessen.

Nun gut, habe ich heute früh auf dem Kocher die Eier abkochen wollen. Jetzt fiel mir ein, dass wir keine Eieruhr haben. Gut es wäre mit einer einfachen Uhr möglich gewesen. Aber warum einfach, wenn man ein PC-Tablett hat. Ich schnell ein entsprechendes App geladen, alle notwendigen Eingaben gemacht und los ging's. Gespannt erwarteten wir das Ergebnis, siehe da, das Ei war perfekt, so wie ich es gewollt habe. Nun nimmt auch die Elektronik beim Frühstück Einzug.

Auf dem Campingplatz Lichinos

Am Sonntagabend haben wir unsere Nachbarn aus Holland verabschiedet, mit denen hatten wir während der letzten 2 Tage ein herzliches Verhältnis aufgebaut. Ich half beiden mit meinem Internetzugang, wir tauschten uns über die Wohnmobile aus und schlussendlich befreundeten wir uns im sozialen Netzwerk. Für die beiden stand das gleiche an, was uns 24h später erwartete, die Fährpassage nach Ancona. Die beiden sind erst ziemlich spät nach Igounemitsa gefahren. Wir dagegen hatten einen anderen Plan geschmiedet.

Am Montag früh, alles so wie immer. Mit aller Ruhe und Gelassenheit haben wir unser Frühstück zu uns genommen. Anschließend begannen wir so langsam aber sicher mit dem Abrüsten. Nun wurde alles sicher verstaut, die Villa komplett aufgeräumt. Gegen 11.00 Uhr begaben wir uns zum Bezahlen, unmittelbar danach verließen wir den Campingplatz. Wehmut war auf jeden Fall dabei, auch wenn dies der bisher teuerste Campingplatz war.

Unterwegs nach Igounemitsa

Unterwegs schauten wir nochmals auf die zahlreichen Buchten, bis wir wieder auf die Nationalstraße aufgefahren waren. Mannigfaltige Bautätigkeiten an der Straße wurden durchgeführt, die 40 km bis Igounemitsa waren schnell hinter uns gebracht. In Igounemitsa haben wir uns zunächst orientiert. Zuvor hatte ich mir auf meinem Rechner das gesamte Gebiet angesehen. Dabei fiel mir ein Strandabschnitt auf, an dem man frei stehen kann. Das war auch das erste Ziel, welches wir ansteuerten. Dies ist ein sehr weitläufiger Strand, am vorderen Teil befindet sich ein Campingplatz. Nun zurück nach Igounemitsa, dort wollten wir noch einige Besorgungen für die daheim Gebliebenen erledigen. Den gewünschten Lidl haben wir nicht gefunden, ein anderer Supermarkt bot aber das gleiche. Die Villa haben wir hier geparkt und sind anschließend mit den Rädern in die Innenstadt gefahren. Angekommen in der City, begaben wir uns in einen Imbiss und machten kurz Mittag. Stumm saßen wir beide dort, jeder nahm für sich Abschied von Griechenland. Nun zum Fährhafen, zuvor noch den günstigen griechischen Kraftstoffpreis genutzt und voll aufgetankt.

Stellplatz Tipp:

Ort/Bezeichnung	GPS Daten	Nord/Süd Daten	
Freier, kostenloser Stellplatz Igounemitsa	39.514177 20.215219	N39° 30' 51.037" E20° 12' 54.788"	

Nun hielten wir uns am Fährhafen auf, erledigten die organisatorischen Dinge, schauten uns im Terminal um und besuchten abschließend den Duty Free Shop. Ok, dort wurde letztmalig die Kreditkarte gezückt, Manu hat sich eine schön Uhr gegönnt. Auf dem Parkplatz hatten wir noch ein nettes Gespräch mit Wienern, die am folgenden Tag um 6.00 Uhr die Fähre nach Triest nehmen wollten. Wir haben unsere Erfahrungen ausgetauscht, wovon wir beide sicher irgendwann profitieren können. Gegen 18.00 Uhr sind wir in den Hafen gefahren und erwarteten die Fähre. Im Hafenbereich trafen wir unsere Stellplatznachbarn von Sikia wieder. Sie waren gespannt, was wir alles bereist haben, nicht zuletzt waren Ihre Empfehlungen für uns sehr hilfreich.

Fährhafen:

Ort/Bezeichnung	GPS Daten	Nord/Süd Daten	
Igounemitsa	39.488244 20.259855	N39° 29' 17.678" E20° 15' 35.478"	

Superfast XII

Nun sind wir auf dem Rückweg, d.h. unwiederbringlich naht sich die Reise dem Ende. Zuvor allerdings, begann eine neue Erfahrung. Ich behaupte, dass wir schon erfahrene Seefahrer sind, allerdings mit einer Fähre in diesem Ausmaß sind wir noch nicht gefahren. Superfast XII nennt sich dieses Schiff und in Igounemitsa erwarteten wir gespannt dieses Schiff. Mit ca. 30 min Verspätung tauchte sie am Horizont auf, wir konnten unmittelbar das Einlaufen beobachten. Nachdem die Ladeklappen herunterkamen, befand sich ein Einweiser auf dieser Klappe, der mit Zeichen das letzte Anlegemanöver organsierte. Dann ging alles ganz schnell, weitere Crewmitglieder kamen, fingen an zu winken und die ersten Wohnmobile setzten sich in Bewegung. Ich saß da zum Glück schon im Auto, denn wir sind als 6. Wohnmobil auf die Fähre gefahren. Schnell noch Manu einsammeln, Videokamera anschalten und ca. 2 min später standen wir an Bord. So schnell wie das ging, ging es weiter. Auf einmal, strömten alle Fahrer raus und verkabelten ihr Wohnmobil. Ich gleich mit, auch das war geschafft.

Wir standen zum Camping an Bord! Nun die Kamera geschnappt, hinter ans Heck, da waren schon keine Pkw mehr da. Die Lkw waren auch schon beim Auffahren auf die Fähre. Rückwärts, vorwärts, all das nebeneinander und alles schnell aber organisiert. Der letzte Lkw war gerade verschwunden, die Klappen schlossen sich und schon waren wir unterwegs. Das Ganze hat Sage und Schreibe 20 min gedauert, es war der blanke Wahnsinn. Nun begann das Abenteuer Camping an Bord. Dies aber auch für unsere Katzen! Beide saßen an der Frontscheibe und beobachteten das Tun und Wirbeln auf dem Deck. Beide hatten gar keine Ambitionen, das Wohnmobil zu verlassen.

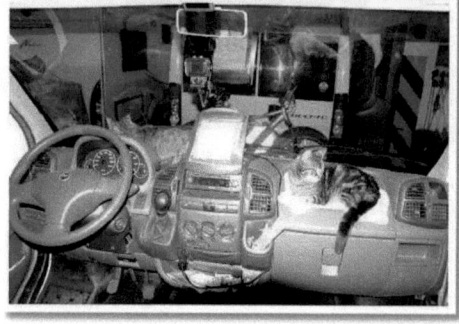

Wir beide sind dann erst mal los, einen ausgedehnten Schiffsrundgang zu unternehmen. An Deck befindet sich die sogenannte Holzklasse, nun wissen wir, was damit gemeint ist. An Bord waren auch einige Fährgäste ohne Auto und Schulklassen die mit dem Bus gereist waren. Diese hatten die Möglichkeit, ihr Nachtlager in eben der Holzklasse aufzumachen. Für die Jugend sicher kein Problem, das ist wie Camping. Teilweise waren das aber auch Rentner, da ziehen wir dann schon den Hut.

Zunächst konnten wir einen herrlichen Sonnenuntergang über Korfu-Stadt bewundern. Dies hielt uns eine ganze Weile an Deck auf. Leider war der Wind auf dem Deck ziemlich stark, so dass Manu sich hinter den Scheiben verstecken musste, wir wollten nix riskieren. Dann wieder runter ans Wohnmobil, dort haben wir erst mal zu Abend gegessen und uns dann mit den Katzen beschäftigt, denn beide waren mächtig aufgeregt. Beide, Biene und Liese, wussten gar nicht wo sie zuerst schauen sollten. Bei uns gab es leckeres Essen, aber vorn an der Windschutzscheibe viel zu sehen. Ständig ging es hin und her, noch bekamen wir keine Ruhe. Nach dem Abendessen haben wir uns auf den öffentlichen Bereichen unter Deck aufgehalten, alles besichtigt und hier und dort mal intensiver geschaut. Casino, Trucker Lounge, Shops und einige Bar's waren hier vorhanden. Alles, was das Herz begehrt, unseres allerdings nicht. Zurück an Deck zu unserer Villa, Auflauf vor der Villa. Man sah die Katzen, sofort waren wir Gesprächsthema. Ein Deutscher, der dies sah, unterhielt sich mit uns darüber. Sie wären beide Katzenlieb, aber trauen sie mit auf eine solche Reise zu nehmen, das würden sie sich nicht. Er wollte alles wissen, am Ende sagte er uns, das darf ich meiner Frau erst morgen erzählen.

So verging der Abend und das Schaukeln des Schiffs, welches sich auf unsere Villa übertrug, wiegte uns in den Schlaf …..

Unterwegs in Italien

Nachdem die Fährüberfahrt bis zum Abend so reibungslos funktioniert hat, ging das am Morgen genauso weiter. Wir haben auf dem Schiff wunderbar geschlafen, die Katzen ebenfalls. Gegen 8.00 Uhr sind wir munter geworden, haben dann in der Villa gefrühstückt und haben anschließend eine Fotorunde durch das Schiff gedreht. Im Weiteren haben wir die Zeit genutzt, an unserem Blog noch etwas zu arbeiten, dafür habe ich 2h Netzzugang für 3 € gebucht.

Schon begannen die Vorbereitungen für die Ankunft in Ancona, die ersten Durchsagen kamen und beim Einlaufen in den Hafen begann Betriebsamkeit auf den Decks. Dann ging wieder alles sehr schnell, das untere Deck wurde geräumt, dann senkte sich die Auffahrbühne und schon verließen die ersten Lkw unser Deck. Der letzte Lkw war noch nicht richtig losgefahren, setzten sich die ersten Wohnmobile in Bewegung. Nun kam für uns der spannende Moment, müssen wir jetzt rückwärts runter? Alles Quatsch, als die vorwärts stehenden Fahrzeuge weg waren, war nun genügend Platz vorhanden, dass wir auf dem Deck drehen konnten. So waren wir innerhalb von 30 min vom Schiff wieder runter. Der Zoll und die Polizei standen vor dem Schiff und zogen einige Fahrzeuge raus, u. a. auch Wohnmobile. Für uns kein Problem, ich habe den treuen Blick eines deutschen Staatsbürgers aufgesetzt und wir konnten passieren.

Für solche Städte sind Fähranünfte sicher kein Problem, allerdings für die Straßen und Kreuzungen schon. Deshalb dauerte es dann auch ca. 30 min bis wir die Autobahn erreichten. Eine Links-Abbiegerampel reicht da völlig aus, den Verkehr weitgehend lahm zu legen. Nachdem auch das hinter uns gebracht war, begaben wir uns in Richtung Garda See. Riva del Garda haben wir deshalb ausgesucht, da sich diese Gegend, auf etwa der Hälfte der Strecke befindet. Unterwegs haben wir 2x die Fahrerposition getauscht, deshalb sind wir ohne Pause bis zum Ziel durchgefahren. Garda See erreicht, was war das denn? Dunkle Wolken am Himmel, das kennen wir seit über 2 Wochen nicht mehr. Die Stellplatznachbarn sagten uns, dass diese sich aber gerade verzogen, sodass uns der Gardasee mit herrlichem Sonnenschein empfing. Den Stellplatz in Riva del Garda, haben wir Dank funktionierendem Navi gleich gefunden und einen ebensolchen guten, schattigen Platz. Dies ist ein ausgewiesener Wohnmobilstellplatz, die zahlreichen Campingplätze ringsum sind einfach nur teuer. Ver- und

Entsorgung ist hier komplett vorhanden, Duschen und Toiletten ebenfalls. Lediglich der Strom fehlt, was man verschmerzen kann.

Stellplatz Tipp:

Ort/Bezeichnung	GPS Daten	Nord/Süd Daten	
Wohnmobilplatz Riva del Garda	45.879571 10.85889	N45° 52' 46.456" E10° 51' 32.004"	

Ein erster Rundgang ins Städtchen folgte, dabei haben wir erst mal was gegessen, zunächst eine leckere Pizza. Da ich noch nicht gesättigt gab es nochmal Spaghetti al Olio hinterher. Dann war auch ich satt, nun konnten wir auch mal an den See!

Es war schon immer ein Traum von uns, den Garda See zu besuchen. Wir haben das intensiv genutzt, sind an der Strandpromenade entlang geschlendert. Dieser ist parkähnlich angelegt, so dass das Verweilen dort richtig Freude bereitet. Die Wege sind getrennt, für Fußgänger und Sportler. Dies ist auch unbedingt nötig, denn was sich dort an Radfahrern und Läufern bewegt, ist der Wahnsinn.

Strand/ Bade Tipp:

Ort/Bezeichnung	GPS Daten	Nord/Süd Daten	
Nordufer Garda See	45.881326 10.848837	N45° 52' 52.774" E10° 50' 55.813"	

Jetzt waren wir auch vom Tag ordentlich geschafft, nur noch zurück an die Villa und den Abend mit unseren Katzen verbringen. Alles zunächst ganz Easy, Katzen waren raus und kamen, mehr oder weniger freiwillig, zurück. Beim Zusammenräumen nutzte die Biene einen Moment und sie war wieder verschwunden. Gute Nacht dachte ich mir, so kam es auch. Mehrmals die Nacht raus und geschaut, gepfiffen und gerufen. Nix passierte. Doch es begann am Himmel zu grollen. Also wieder raus, Schuhe, Handtücher rein und wenig später gewitterte es das erste Mal. Das Gewitter drehte sich im Gebirge, sodass es noch ein weiteres Mal über uns hereinbrach.

Es dämmerte und Biene war auch wieder da! Wir können uns ja im Prinzip auf die beiden verlassen, aber ein Hintergedanke bleibt dennoch immer! So ist das wohl, wie mit den eigenen Kindern!

Zwei Tage am Gardasee

Unser erster Besuch am Gardasee, liegt nun mehr als 10 Jahre hinter uns. Dieser war bei weitem nicht so intensiv, da es eine Zwischenstation für die Anreise nach Savona war. In Limone hatten wir damals Quartier bezogen, einen kurzen Besuch in der Stadt, zu mehr reichte die Zeit nicht. Allerdings haben uns die Aussichten entlang der Strecke sehr fasziniert, dies intensiver zu sehen, war unser Ziel beim erneuten Aufenthalt hier am Gardasee.

Für den Tag hatten wir uns eine Radtour vorgenommen, ohne allerdings ein konkretes Ziel zu haben. Da Manu ihre Vorbereitungen beim Rad fahren immer intensiv betreibt, sind wir auch auf längere Touren eingerichtet. Es ist genügend Trinkbares dabei, was bei der Wärme schon wichtig ist. Genauso ist Kleidung immer dabei, falls das Wetter umschlägt. So sind Frauen eben, mir wäre das alles zu viel. Scheinbar stimmt es doch, dass gerade in dieser Beziehung Frauen und Männer anders ticken.

Zunächst sind wir am See entlang gefahren, bis zum nächsten Ort. Die Radwege entlang des Sees sind sehr gut ausgebaut, zahlreiche Radfahrer sind hier zu finden. Überhaupt, herrscht rege Betriebsamkeit am See. Windsurfer, Segler, Wanderer und Jogger sind hier neben den Radfahrern anzutreffen.

So machten wir uns auf den Weg, immer entlang des Sees nach Torbole. Dort entdeckte ich ein Hinweisschild, dass es nach Malcesine führt. Also kurz mit Manu geredet und auf ging's. Hinter dem Ort endete der Radweg und wir mussten auf der Straße weiterfahren. Bei dem starkem Verkehr ein etwas schwieriges Unterfangen. Aber es lief ganz gut, immer entlang des Sees, durch mehrere kleine Tunnel und eine längere Galerie erreichten wir nach ca. 12 km Malcesine. Der Ort zieht sich allerdings sehr, sodass wir erst nach weiteren 3 km das Zentrum erreicht hatten. Mein Vorschlag mit der Fähre nach Limone überzusetzen und dort wieder zurück zu fahren, stieß bei Manu auf

Zustimmung. Fahrplan gesucht und wir hatten noch ca. 60 min Zeit. Also rein ins Gewühl von Malcesine und durch die zahlreichen engen Gassen bis zum See wieder den Berg hinunter gelaufen. Lohn sollte sein, dass wir am See, in einer der zahlreichen Restaurants, eine Erfrischung zu uns nehmen wollten. Dies haben wir auch getan und so verging dann doch sehr schnell die Zeit. Fazit, die nächste Fähre hatten wir verpasst, also warten bis zur nächsten. Kein Problem, wir wollten uns keinen Stress im Urlaub machen.

Nun haben wir nochmal die zahlreichen Gassen durchwandert und hier und dort auch mal intensiver geschaut. Die Gelegenheit war günstig, einen kurzen Mittagsimbiss zu uns zu nehmen und dann ging es zurück zur Fähre. So genau hatte ich mir den Fahrplan nicht angesehen, aber jetzt war halt Siesta. Für eine Stunde war kein Fährverkehr. Nun gut, sind wir eben auf dem gleichen Weg wieder zurück, wie wir nach Malcesine gekommen sind. Übrigens haben wir später erfahren, dass dies auf jeden Fall die bessere Alternative war. Auf der Westseite des Sees, sind die Tunnel viel enger, länger und dementsprechend gefährlicher für Radfahrer. Gut, dass es so gekommen ist.

Tipp Sehenswertes:			
Ort/Bezeichnung	GPS Daten	Nord/Süd Daten	
Malcesine	45.765487	N45° 45' 55.753"	
	10.808952	E10° 48' 32.227"	

Alles in allem, es war ein herrlicher Fahrradausflug. Die 36 km die wir zurückgelegt hatten, haben Lust auf mehr gemacht. Wir werden sicher nochmals diesen Ort besuchen bzw. den Gardasee besuchen. Das Ziel wird sein, den Gardasee mit dem Rad zu umrunden. Wann und in wie vielen Etappen steht aber heute noch in den Sternen.

Nach der ausgedehnten Mittagsruhe, die nun Tradition geworden war, bereiteten wir uns auf den weiteren Nachmittag vor. Dabei sagte ich zu Manu, was das in der kommenden Woche werden soll, wenn keine Mittagsruhe mehr sein wird! Aber hier und in Griechenland gehört die Siesta einfach dazu.

Da wir uns noch das Zentrum von Riva ansehen wollten, sind wir deshalb die ca. 2km mit unseren Fahrrädern gefahren. Am Beginn des Zentrums, war ein geeigneter Platz, dort haben wir die Räder abgestellt und sind dann ins Örtchen gelaufen.

Auch dieser Ort hat sein Flair, etwas weitläufiger wie Malcesine, aber auch im Kern mit engen Gassen. So hielten wir uns für ca. 1h hier auf, immer auf der Suche nach einer offenen Internetverbindung. Nicht nur nebenbei haben wir uns umgesehen, es sind auch hier gute Möglichkeiten zum Shopping. Die

Frauen würde es erfreuen, so zahlreiche Schuh-Geschäfte wie hier, habe ich selten gesehen. Das mit dem Internet hat nicht funktioniert, das vorbereitete Internetpaket aus Deutschland funktionierte ebenfalls nicht, darum werde ich mich zu Hause erst mal kümmern müssen. Den Rückweg haben wir am See entlang genommen, dies bietet viel mehr Erholung und Spaß, als an einer sehr stark befahrenen Straße mit dem Fahrrad entlang zu fahren.

Riva del Garda

Abendessen und den Rest des verbleibenden Abends verbrachten wir an der Villa, auch unseren Katzen zu liebe, die an diesem Abend die Villa nicht verlassen durften. Während wir da so vor der Villa saßen, kam ein Ehepaar angeschlendert. Beide bemerkten am Kennzeichen, dass wir Deutsche waren und mit einer Floskel kamen wir ins Gespräch. Irgendwann bot ich beiden etwas zu trinken an. Wir hatten bemerkt, dass die beiden Vogtländer waren und hier zum Segeln waren. So entwickelte sich aus einer Floskel ein angenehmer Abend mit den Beiden. Als beide dann uns verließen, beendeten wir diesen lauen Abend ebenfalls. Morgen ist ja die Weiterfahrt zum Tegernsee, zu unserer Tochter. So hatten wir noch 2 schöne Tage am Gardasee, auf ein baldiges Wiedersehen!

Am Tegernsee

Die letzte Etappe dieser Reise ist Tegernsee, verbunden mit einem Besuch bei unserer Tochter. Wir sind wieder in Deutschland! Bemerkt haben wir das nicht nur an den Kennzeichen usw., durchwachsenes Wetter empfing uns am Tegernsee. Es regnete ab und an! Nach der Begrüßung und einem ersten Frisch machen, mussten wir für unsere Lieblinge neues Futter besorgen, denn die Vorräte waren fast aufgebraucht. Also wurde der nah gelegene Lidl gestürmt. So konnten wir die notwendigsten Dinge kaufen. Wieder zurück am Wohnmobil, stürzten sich Biene und Liese auf ihr Lieblingsfutter. Franzi begrüßte die beiden auch ganz innig, die Biene war ja mal Ihre Lieblingskatze.

Von Fränzis neuem Zu hause bewunderte ich dann ausgiebig den Blick auf den Tegernsee, davon kann ich gar nicht genug bekommen. Als ihr Freund Max dann von der Arbeit nach Hause kam, sind wir zünftig im Bräustüberl eingekehrt und haben zum ersten Mal wieder urtypisches bayrisches Essen zu uns genommen. Manu einen Leberkäs und ich eine Grillhaxen. Anschließend noch ein kleiner Rundgang durch den Ort, wo Franzi vom Hochwasser berichtete, welches auch Tegernsee ereilt hat.

Restaurant Tipp:

Ort/Bezeichnung	GPS Daten	Nord/Süd Daten	
Bräu Stüberl Tegernsee	47.708224 11.755949	N47° 42' 29.606" E11° 45' 21.416"	

Am Tegernsee

Für den nächsten Tag haben wir beide uns noch eine Radtour vorgenommen, es sollte rund um den Tegernsee gehen. Das Wetter war verhangen und die Temperaturen unter 20 Grad, dementsprechend haben wir uns auch gekleidet. Immer entlang des Sees, mit teilweise richtig schönen Ansichten auf die Umgebung. Dies ist das, was ich immer schon sage, man bekommt beim Radfahren, viel intensivere Eindrücke. Durch die Hinweise und Erfahrungen von Franzi ihrem Freund Max, sind wir zunächst von Tegernsee nach Rottach gefahren. Durch die Seestraße, weiter am See entlang führte der gute Radweg nach Bad Wiessee. Die Strecke wurde zunehmend anspruchsvoller, am Ende von Bad Wiessee bis Gmund war es teilweise sehr bergig mit kurzen, heftigen Anstiegen. Auch ich musste hier mal absteigen und das Rad schieben, Manu mit ihren Luftproblemen mehrfach. Aber auch das, tat dem Spaß keinen Abbruch, im Gegenteil, wir empfanden diese Rundfahrt als sehr angenehm. Von Gemund sind wir an der Ostseite wieder bis Tegernsee gefahren. Mein Wunsch, den See einmal zu umrunden, war damit in Erfüllung gegangen. Angekommen, haben wir für uns und Franzi das Mittagessen vorbereitet und nach einer kurzen Mittagsruhe ging es weiter.

Am Nachmittag statteten wir der wunderschönen Stadt Bad Tölz einen Besuch ab, Franzi suchte hier noch nach einer Jacke im Trachten Look, was ihr auch gelang. Die Innenstadt von Bad Tölz ist wunderschön anzuschauen, für mich ein Inbegriff für das urige, typische Bayern. Sorgsam gepflegte Häuser, in sehr ähnlicher Bauweise, die meisten mit wunderschöner Lüftelmalerei versehen. So etwas genießen wir gern, atmen das Flair dieser Sichtweisen ein.

Nachdem wir zurück in Tegernsee waren, haben wir gemeinsam ein leckeres Abendessen zubereitet und sind im Anschluss daran, zu einem der zahlreichen Waldfeste gefahren. Hier wird bayrische Tradition gepflegt, alle Besucher hatten ihre Tracht angelegt. Alle nicht, wir Thüringer kamen uns mit unserer Normalo-Kleidung etwas deplatziert vor. Ich ahnte da schon etwas, Manu sprach es dann auch aus, wir brauchen dann auch Trachtenkleidung. Mal sehen wo das endet?

München – wir kommen!

Nun war er da! Der letzte Urlaubstag, dies zeigt unwiederbringlich der Kalender an. Auch an diesem Tag war nochmal ein straffes Programm. Franzi und Max hatten beide tagsüber frei, eigentlich hatten sie vor, mit uns in die Berge zu gehen. Vom Prinzip her, wäre das eigentlich kein Problem, allerdings ist es derzeit mit den Luftproblemen von Manu schon problematisch. Gut, so haben wir nach Lösungen gesucht und auch gefunden. Zunächst ein gemeinsames Frühstück bei den beiden und anschließend sollte uns die BOB nach München bringen.

Die BOB fährt stündlich nach München und ist eine gute Alternative, diese Stadt stressfrei vom Tegernsee aus zu bereisen. Man fährt teilweise durch schöne Landschaften, wird an 2 weiteren Haltestellen mit weiteren Zügen zusammen gekoppelt und erreicht nach einer guten Stunde den Hauptbahnhof in München. Nun ist man in der Weltstadt. Wir haben dies ausgenutzt, um in einem bekannten Laden Gewürze zu kaufen. Deshalb führte uns zuerst der Weg dorthin. Klar haben wir das Flair dieses Platzes dort genossen, waren kurz im Hofbräuhaus und im Hard Rock Café, einfach mal treiben lassen. Übrigens, zu dieser frühen Stunde war das Hofbräuhaus schon wieder gut besucht! Ich denke da ist der Name schon Programm.

Anschließend ging es zum Viktualienmarkt, eine bekannte Adresse, die wir aber noch nicht kannten. Da ich ja Märkte liebe, verging auch wirklich fast eine Stunde, in der wir uns hier aufhielten. Wir haben die zahlreichen Stände aufgesogen, haben probiert, haben verglichen und waren von dem ganzen Treiben fasziniert. Einen kleinen Snack, als Mittagsersatz haben wir hier auch zu uns genommen.

Weiter ging es, nun etwas schneller. Vorbei am Marienplatz bis zum Stachus, dort noch einige Aufnahmen gemacht. Es ist schon Wahnsinn, wenn man dieses Treiben in dieser Stadt sieht. Hier wird Musik gemacht, dort sind irgendwelche Ausstellungen und vieles mehr! Nachdem wir dann am Bahnhof wieder angekommen waren, erwarteten wir die BOB, um uns auf den Rückweg nach Tegernsee zu machen. Dann ging alles ganz schnell, eine kurze und herzliche

Verabschiedung von Franzi und Max, ein wenig alles zusammengeräumt, Strom getrennt, Gas zu und los ging es in Richtung Heimat. Nun beginnt die Zeit der Nachbereitung, des Sammelns der vielen Eindrücke und dem ganz normalen Geschehen.

Die letzten 380 Kilometer

Eigentlich sind wir voller Wehmut in Tegernsee los gefahren. Der Urlaub hat sein Ende gefunden. Vorbei ist die Zeit, des nicht nach der Uhr leben, vorbei ist die Zeit des täglichen Mittagsschlafs und vorbei ist die intensive Zeit mit unseren Katzen.

Die Entscheidung, die beiden mit in den Urlaub zu nehmen, fiel schon sehr früh. Auch wenn es nach Norwegen gegangen wäre, die beiden wären mit uns gefahren. Sie gehören zu uns, genauso wie wir es früher mit den Kindern gehandhabt

haben. Wir hatten ganz tolle und intensive Momente mit den Beiden. Scheinbar war der Ärger oder die Angst vorhanden, dass eine von beiden nicht wieder kommt, aber im Inneren wussten wir beide, dass dies nicht passieren wird. Zu sehr haben sich Biene und Liese an uns und unsere Villa gewöhnt. Ein letztes hervorzuhebendes Erlebnis mit den beiden, haben wir direkt vor der Haustür miterlebt. Zu Hause angekommen, wie üblich die Beifahrertür auf. Beide raus und sich umgesehen. Man merkte beiden an, sie waren unsicher. Einerseits kannten sie das Haus und die Umgebung, andererseits, stand ihr zu Hause der letzten 3 Wochen auch da. So gingen beide wieder an die Villa und saßen vor der Beifahrertür. Erst als wir das gewohnte Fenster öffneten, gab es eine Reaktion der beiden.

Ich denke auch für uns war das eine Riesenerfahrung, ich bilde mir heute manchmal ein, mittlerweile besser ihre Sprache bzw. ihr Miauzen zu verstehen. Für uns steht fest, eine Reise ohne die beiden, wird es nicht mehr geben.

Während wir so auf der Heimfahrt waren, ruhige Bereiche der Autobahn durchfuhren, haben wir für uns das persönliche Fazit gezogen und auch besprochen. Auf der 4 stündigen Fahrt, hatten wir beide dazu genügend Gelegenheit.

Ein ganz wichtiger Punkt, war und ist unsere Villa. Wir beide hängen so viel Herzblut in das Gefährt, es ist für uns nicht nur ein Hobby, sondern ein Luxusartikel mit sehr hohem Freizeit- und Erlebniswert. In den 3 Wochen haben wir die Stärken und die wenigen Schwächen kennen gelernt. Wir beide wissen, dass ein Wohnmobil immer nur ein guter Kompromiss sein kann. Wir legen Wert auf solche Dinge, dass viel Raum vorhanden ist, der überwiegende Teil auch zum Wohnen, nicht zum Schlafen, genutzt werden sollte. Dies erfüllt unsere Villa auf jeden Fall. Der Alkoven hat für uns einige Vorteile, dadurch wird lästiges Umbauen völlig erspart. Zum anderen hat man tagsüber durch den Alkoven genügend Stauraum, für Dinge, die sonst nicht ständig gebraucht werden. Auch der Doppelboden macht nicht nur im Winter Sinn, im Sommer tritt dadurch ein wunderbarer Kühleffekt, im sogenannten Keller, ein. Die zusätzlich eingebauten Dinge, haben ihre Bewährungsprobe bestanden, es macht Sinn, solche Dinge wie LED Lampen, Solarzellen und 2 Aufbaubatterien einzusetzen.

Damit kommen wir zum nächsten Punkt unseres Fazits. Unter Wohnmobilisten kursiert immer wieder die Frage, freies Stehen oder ausgewiesene Stell- oder Campingplätze zu nutzen. In Deutschland ist dies sicher nicht unbedingt das Problem, da es genügend ausgewiesene Stellplätze gibt. Im Ausland hingegen, ist dies aus mehreren Gründen nicht so einfach. Zuerst ist die Frage, ist dies überhaupt vom Gesetz erlaubt. Eine weitere und ganz wichtige Frage ist das Thema Sicherheit. Nicht umsonst befindet sich zb in Serbien Wachpersonal über Nacht auf den Campingplätzen. Nicht zuletzt ist auch die Frage der

Stromanbindung, Ver- und Entsorgung immer wieder zu stellen. Wir für uns, bevorzugen die Sicherheit, deshalb haben wir in den meisten Fällen Campingplätze bevorzugt. Ich kann mir allerdings auch freies Stehen in Griechenland gut vorstellen. Abseits von Touristenzentren, denke ich, ist dies sicher ohne Probleme möglich.

Eine ganz wichtige Frage bei der Vorbereitung der Reise war ja die Gestaltung des Reiseweges. Nun, mit den heutigen Erfahrungen, muss man das sehr differenzieren. Wichtig ist zu wissen, wohin es gehen soll. Griechenland sieht auf der Karte nicht unbedingt sehr groß aus, in der Nord-Süd Richtung ist dieses Land auch etwa 700km lang und in der West-Ost Richtung ebenfalls. Soll die Reise in den Norden gehen, weiter in die Türkei führen, ist die Landstrecke ratsam. Dabei ist der Weg aus dem Heimatort zu berücksichtigen. Da wir in der Mitte von Deutschland beheimatet sind, sind beide Wege alternativ für uns möglich. Für diesen Fall der Reise war der Landweg nach Griechenland genau der richtige. Im Norden hat die Reise begonnen, daher waren die 2100 km bis zum ersten Zielort nicht schlecht gewählt. Ein Argument des Seeweges ist, dass man ausgeruht in Griechenland ankommt. Mit dem Wohnmobil sind die ersten 1150 km bis Ancona aber auch kein Pappenstiehl, was in unserem Fall auch 2 Tage Fahrt wäre. Dazu kommt 1 Tag Überfahrt mit der Fähre und dann weitere 450 km bis zum ersten Zielort. Also, die Zeit wäre in etwa die gleiche. Nun ist es ein Rechenspiel, wie teuer die Fährüberfahrt kommt. Bucht man Hin- und Rückfahrt, ist der Rabatt von 30% nicht zu unterschätzen. Um es kurz zu fassen, es kommt auf das Reiseziel an, dann kann man bestimmt sagen, welches der bessere und günstigere Weg ist.

Was zunächst als „Notbehelf" oder „Ersatz" für die ausgefallene Reise nach Norwegen begann, war am Ende ein Traum von einer Reise. Griechenland ist nun mal eines unserer Lieblingsländer. Nicht umsonst haben wir zahlreiche Kreuzfahrten in dieses Land unternommen. Später, als unsere Tochter Susanne dort beruflich tätig war, sind Flugreisen dazu gekommen. Dabei haben wir das Land und die Menschen lieben und schätzen gelernt. Dieser Eindruck verstärkte sich während dieser Reise nochmals. In den Orten, die wir bisher nicht kannten, gab es ja keine Berührungspunkte. Diese sind eingetreten und genauso haben wir das auch erwartet. Willkürlich, mit bestimmten Absichten, haben wir einige Orte bereist und besucht. In allen diesen Orten spürten wir die Herzlichkeit und keine Widerstände gegenüber uns Deutschen. Bleibende Erinnerungen an all die besuchten Orte und Gegenden machen Lust auf mehr. Die Vorbereitungen für eine erneute Reise in dieses phantastische Land werden viel intensiver sein. Das Internet bietet dafür ja außergewöhnliche Recherchemöglichkeiten. Wir wollen an dieser Stelle keines der Orte hervorheben, all diese hatten Ihren Reiz. Diese Reise macht Lust auf mehr, mehr Wohnmobil, mehr Griechenland und mehr solche wunderschönen Urlaube wie dieser!

Die Tour, Daten und Fakten zu den Abschnitten

An Hand der nachfolgend aufgeführten Teilabschnitte unserer Reise, können Sie sich ein Bild vom Reiseverlauf, der Tour und den Kosten machen. Sicher, die Kosten beziehen sich auf unser Fahrzeug, unseren Fahrstil usw. Dies soll ein Anhaltspunkt sein, um mögliche eigenständige Planungen durchführen zu können. Die Gebühren für Maut und Vignetten sind Stand Juli 2013.

Anreise; Suhl -> Hilpoltstein

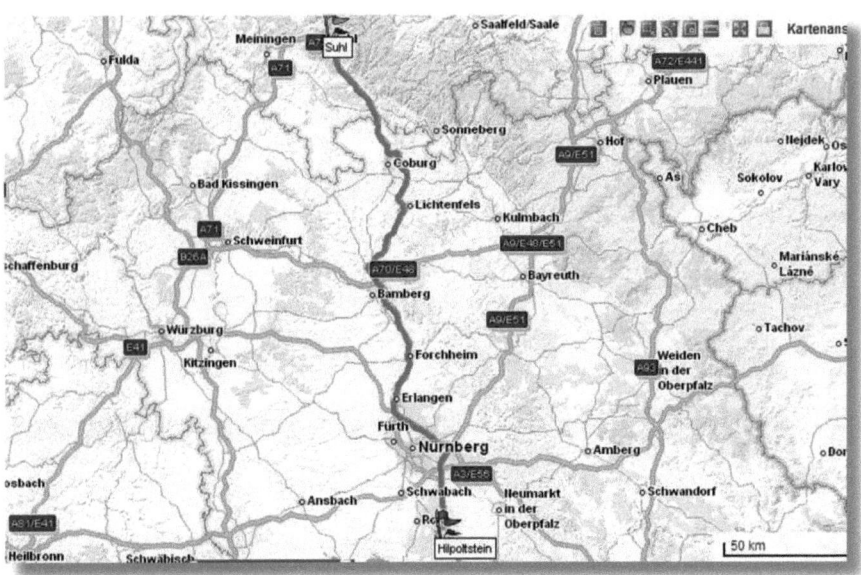

Gef. Km	Getankt	Preis	Maut	Fahrzeit
199	67,23	90,02		2h 50 min

Anreise; Hilpoltstein -> Unterschwarza/Österreich

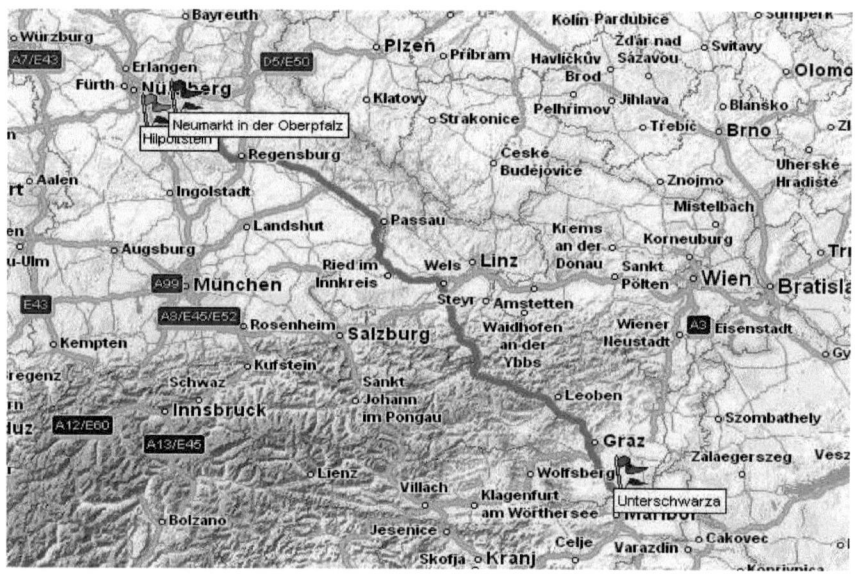

Gef. Km	Getankt	Preis	Maut	Fahrzeit
555			€ 12,50 Vignette € 8,30	7h 45 min

Anreise; Unterschwarza -> Belgrad/Serbien

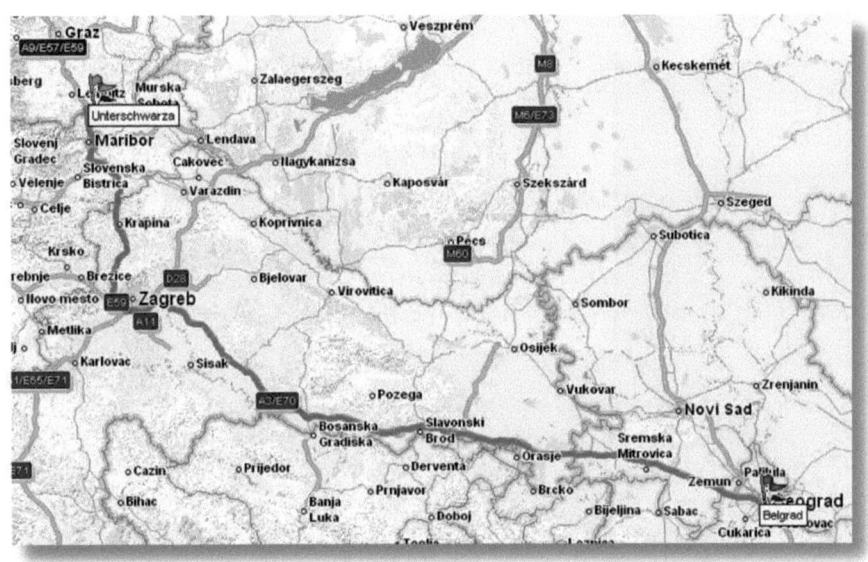

Gef. Km	Getankt	Preis	Maut	Fahrzeit
549	65,68	86,63	€ 26,40	**8h** 30 min
	65,84	87,52	Vignette € 15,00	

Anreise; Belgrad -> Kallithea/Griechenland

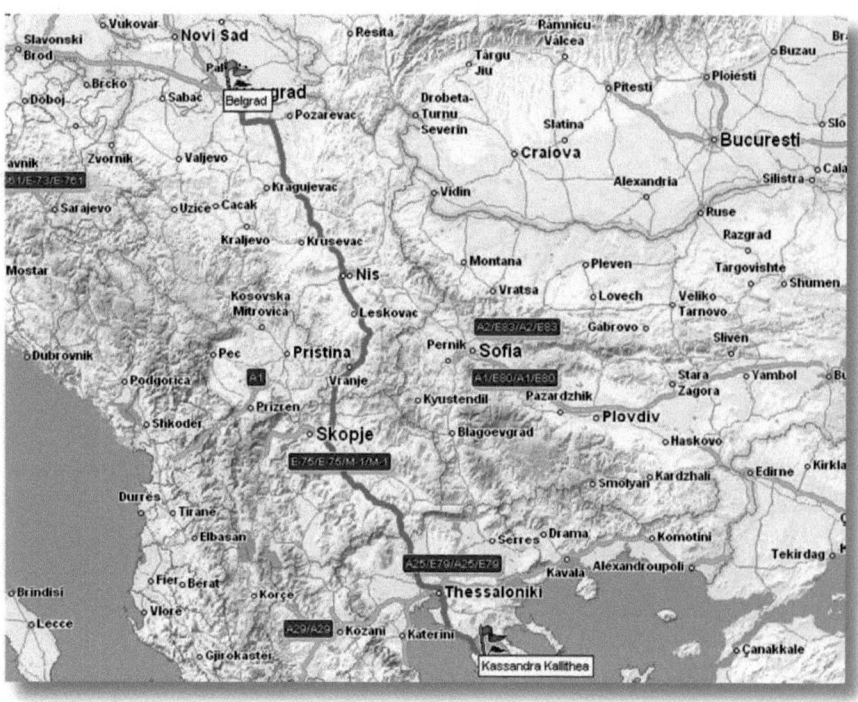

Gef. Km	Getankt	Preis	Maut	Fahrzeit
761	51,69	67,71	€ 16,00	9h 30 min

Rundfahrt; Kallithea -> Platamonas

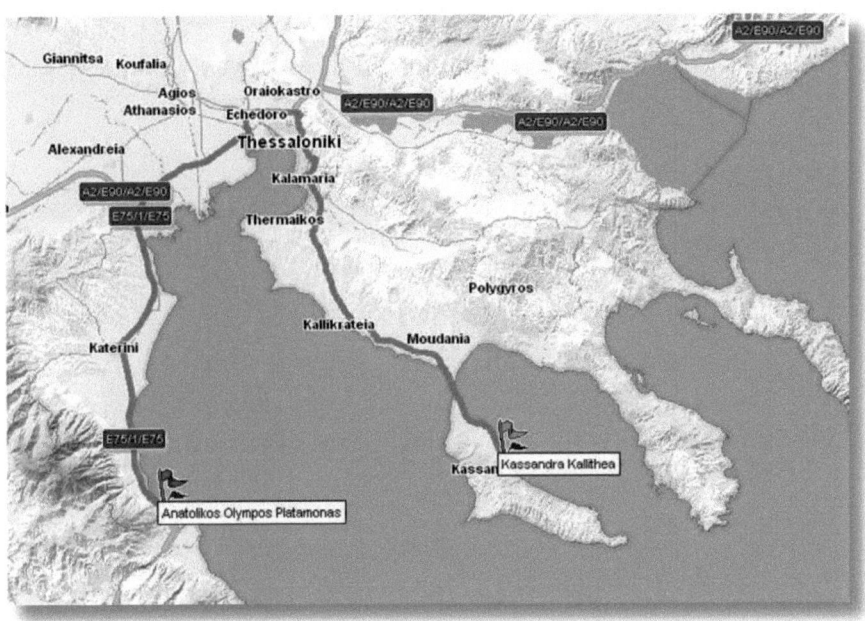

Gef. Km	Getankt	Preis	Maut	Fahrzeit
202	70,39	97,01	€ 13,60	2h 30 min

Rundfahrt; Platamonas -> Kala Nera

Gef. Km	Getankt	Preis	Maut	Fahrzeit
127			€ 16,10	3h 30 min

Rundfahrt; Kala Nera -> Korinthos

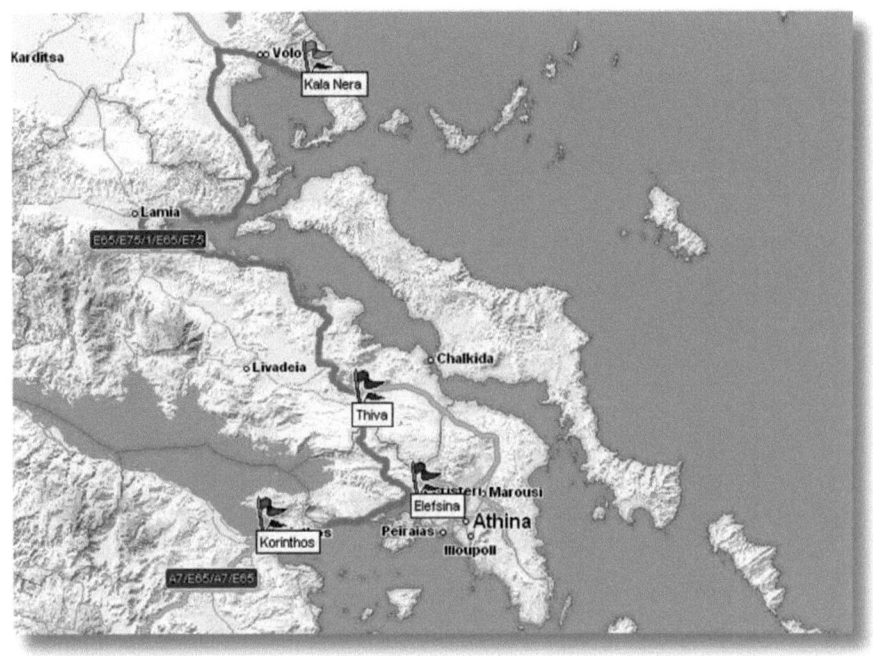

Gef. Km	Getankt	Preis	Maut	Fahrzeit
396	68,00	90,50	€ 31,60	5h 15 min

Rundfahrt; Korinthos -> Diakopto

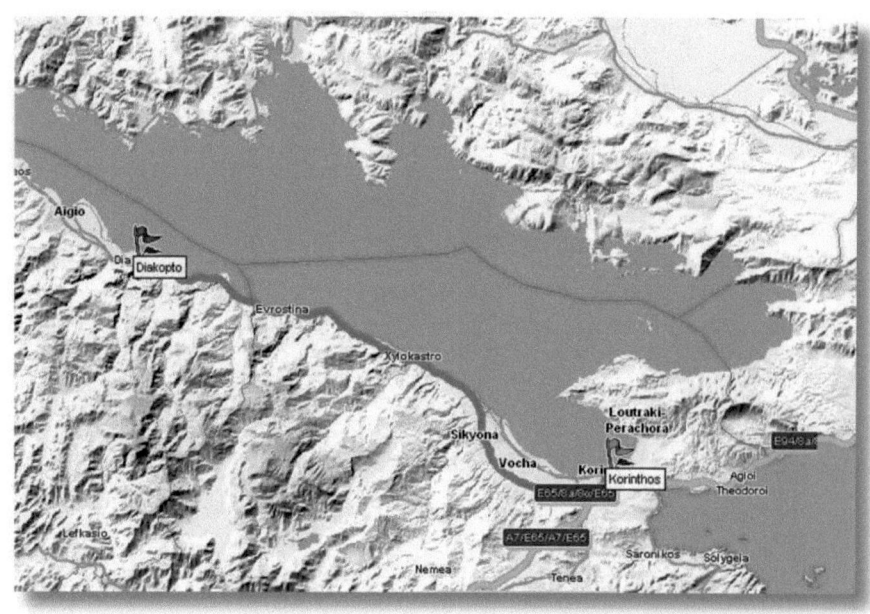

Gef. Km	Getankt	Preis	Maut	Fahrzeit
108			€ 7,90	1 h 45 min

Rundfahrt; Diakopto -> Preveza

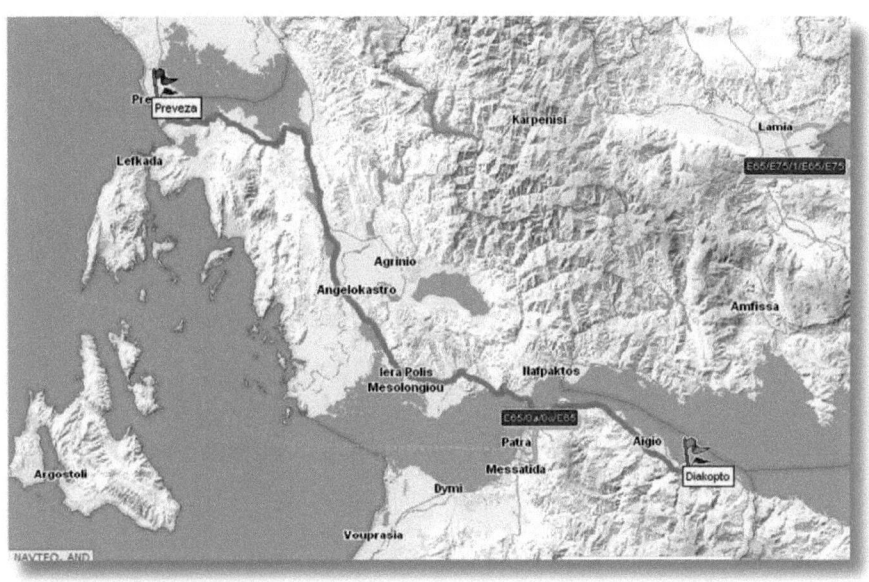

Gef. Km	Getankt	Preis	Maut	Fahrzeit
207			€ 18,50	3 h 30 min

Rundfahrt; Preveza -> Parga

Gef. Km	Getankt	Preis	Maut	Fahrzeit
60				1 h 15 min

Rundfahrt; Parga -> Igounemitsa

Gef. Km	Getankt	Preis	Maut	Fahrzeit
66	61,44	85,90		1h 20 min

Fährüberfahrt; Igounemitsa –> Ancona/Italien

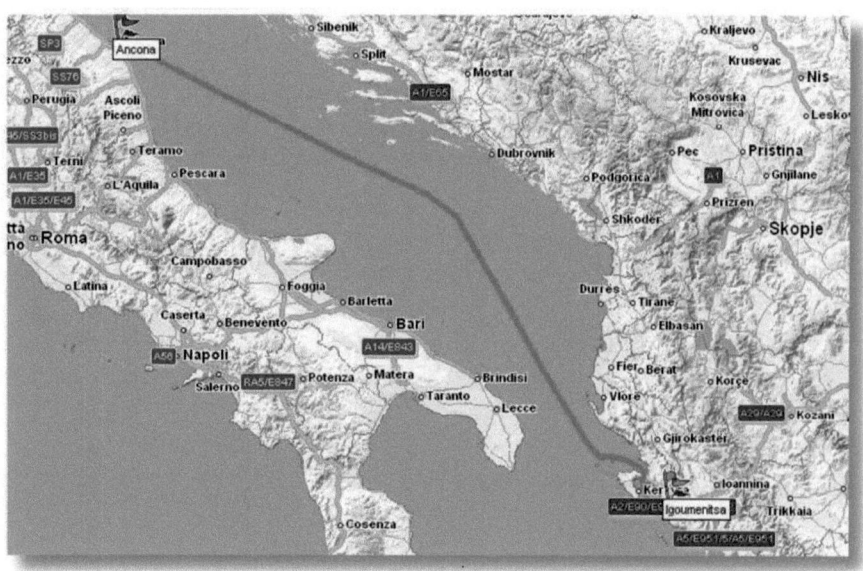

Gef. Km	Getankt	Preis	Gebühren	Fahrzeit
			€ 333,50	15 h

Rückreise; Ancona –> Riva del Garda

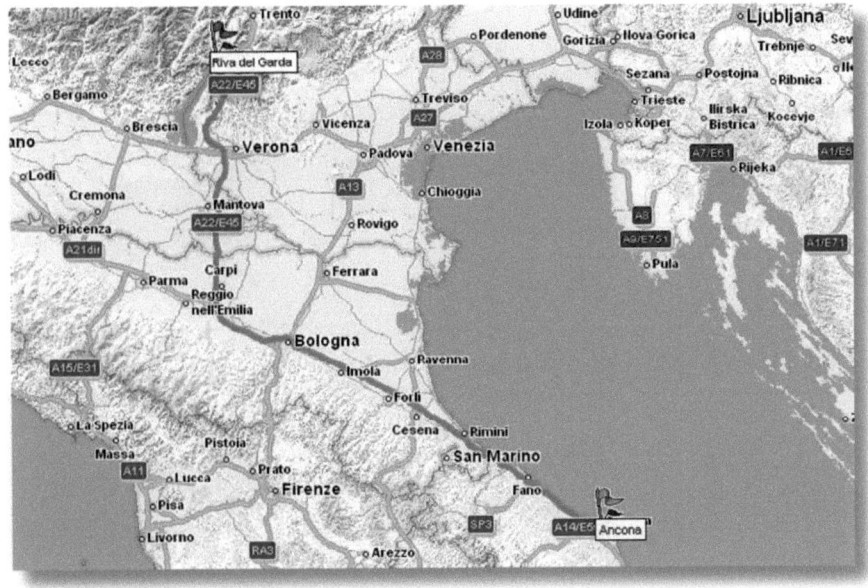

Gef. Km	Getankt	Preis	Maut	Fahrzeit
421			€ 26,50	5h 45 min

Rückreise; Riva del Garda -> Tegernsee

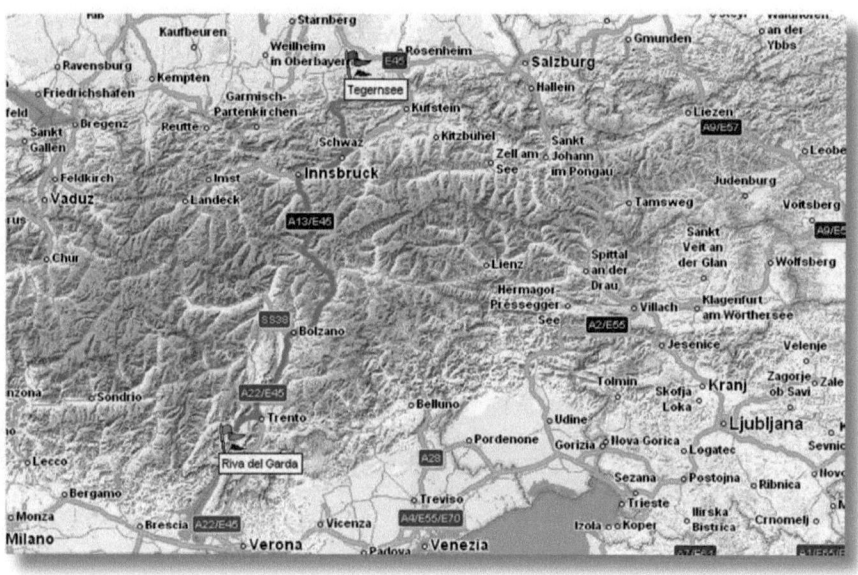

Gef. Km	Getankt	Preis	Maut	Fahrzeit
299	11,5	€ 20,00	€ 21,10	3h 15 min
	71,52	€100,77	Vignette € 8,30	

Rückreise; Tegernsee -> Suhl

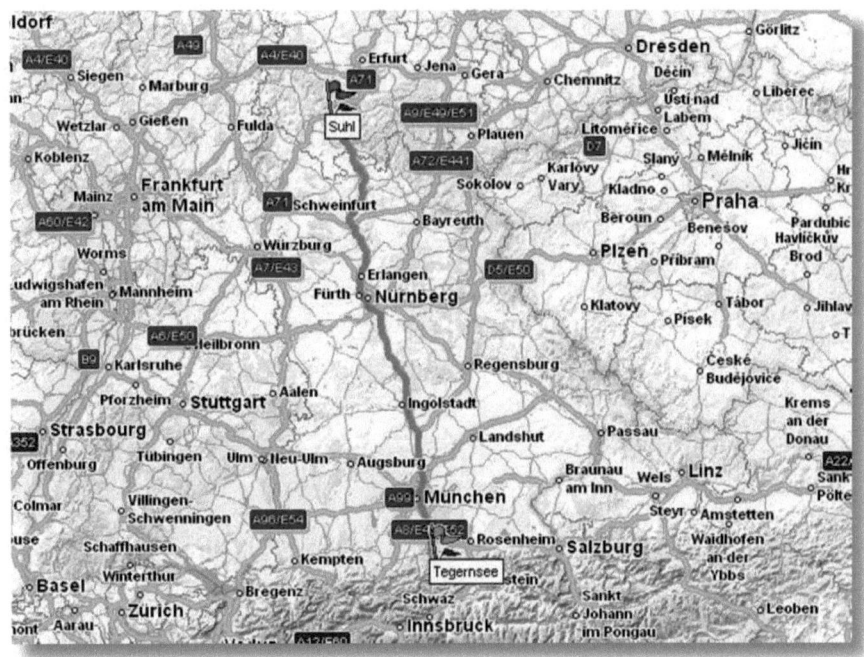

Gef. Km	Getankt	Preis	Maut	Fahrzeit
388	14,59	€ 20,00		4h 15 min

Gesamt Tour vom 13.06. – 06.07.2013

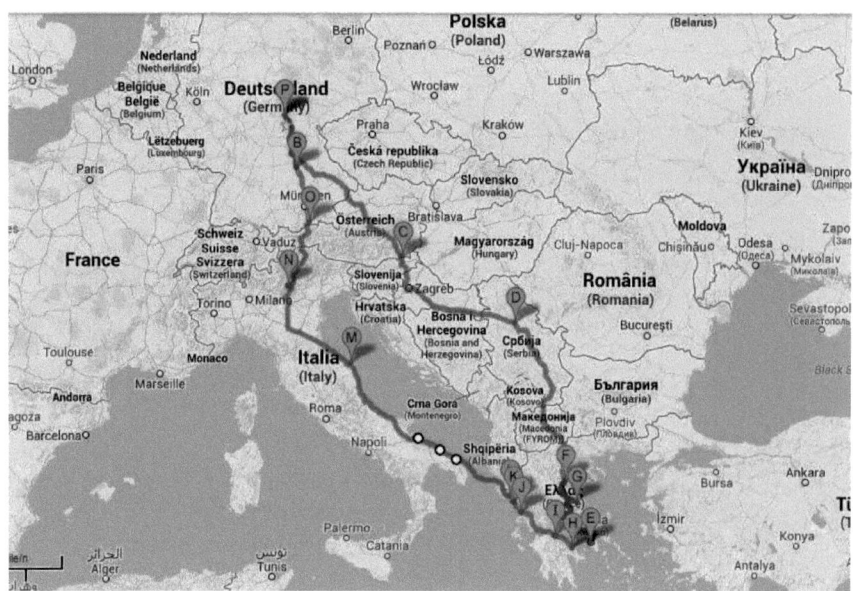

Gef. Km	Getankt	Preis	Maut	Fahrzeit
4338	547,88 l	746,06 €	311,47	Ca. 61h

i want morebooks!

Buy your books fast and straightforward online - at one of world's fastest growing online book stores! Environmentally sound due to Print-on-Demand technologies.

Buy your books online at
www.get-morebooks.com

Kaufen Sie Ihre Bücher schnell und unkompliziert online – auf einer der am schnellsten wachsenden Buchhandelsplattformen weltweit! Dank Print-On-Demand umwelt- und ressourcenschonend produziert.

Bücher schneller online kaufen
www.morebooks.de

 VDM Verlagsservicegesellschaft mbH
Heinrich-Böcking-Str. 6-8   Telefon: +49 681 3720 174   info@vdm-vsg.de
D - 66121 Saarbrücken   Telefax: +49 681 3720 1749 www.vdm-vsg.de

Printed by Books on Demand GmbH, Norderstedt / Germany